Urlaubsrecht in Frage und Antwort

Dr. Michael Gogola
Dr. Michael Trinko

Urlaubsrecht in Frage und Antwort

ÖGB VERLAG

Die Inhalte in diesem Buch sind von den Autoren und dem Verlag sorgfältig erwogen und geprüft, dennoch kann eine Garantie nicht übernommen werden. Eine Haftung des Autors bzw des Verlages und seiner Beauftragten für Personen-, Sach- und Vermögensschäden ist ausgeschlossen.

Verlag des Österreichischen Gewerkschaftsbundes GmbH
Johann-Böhm-Platz 1
1020 Wien
Tel. Nr.: 01/662 32 96-0
Fax Nr.: 01/662 32 96-39793
E-Mail: office@oegbverlag.at
Web: www.oegbverlag.at

1. Auflage 2024

Rechtsstand: Februar 2024

Medieninhaber: Verlag des ÖGB GmbH, Wien

Hersteller: Verlag des ÖGB GmbH, Wien
Verlags- und Herstellungsort: Wien
Druck: CPI Druckdienstleistungen GmbH, Ferdinand-Jühlke-Straße 7, 99095 Erfurt
ISBN 978-3-99046-681-0

Inhalt

Vorwort des Präsidenten des ÖGB

Liebe Leserin, lieber Leser, Liebe Betriebsrätin, lieber Betriebsrat,

Zeit zum Reisen, zur Entspannung, um sich abseits des Arbeitsalltags den Dingen zu widmen, die sonst weniger Zeit finden. Der Urlaub schafft eine Balance zwischen Arbeit und Privatleben und zeigt auf, dass das Leben aus mehr als nur aus Arbeit besteht. Kein Wunder also, dass sich viele arbeitsrechtliche Fragen um den Urlaub drehen. Wieviel Urlaub steht mir zu? Wann muss ich den Urlaub festlegen? Was, wenn ich während des Urlaubs krank werde? All diese Fragen verlangen eine kompetente Antwort.

Wer sich mit dem Urlaubsrecht beschäftigt, erkennt schnell, dass das Ausmaß des Urlaubsanspruchs stark vom nationalen Kontext abhängig ist. Im internationalen Vergleich liegt Österreich im oberen Spitzenfeld, was Urlaubstage angeht. Während uns 25 gesetzlich geregelte Urlaubstage zustehen, haben die Menschen in Kanada nur Anspruch auf 10 Tage bezahlten Urlaub. Für uns ist es selbstverständlich, dass wir fünf Wochen Urlaub pro Jahr nehmen können. Das war aber nicht immer so. Anfang der 2. Republik haben die Arbeitnehmer:innen von so einem Ausmaß nur träumen können. Doch durch den gewerkschaftlichen Einsatz ist es gelungen, den Urlaubsanspruch immer weiter auszuweiten, bis 1986 die letzte Erhöhung auf die uns bekannten fünf Urlaubswochen durchgesetzt wurde. Heute haben Arbeitnehmer:innen, die 25 Jahre im selben Betrieb gearbeitet haben, Anspruch auf eine zusätzliche sechste Urlaubswoche. Doch die Lebensrealität der meisten Menschen zeigt, dass die wenigsten noch so lange in ein und demselben Unternehmen bleiben. Eine sechste Urlaubswoche oder zusätzliche Freizeittage unabhängig von den Dienstjahren gibt es nur, wenn das Gewerkschaften gemeinsam mit Betriebsrät:innen in Kollektivverträgen und Betriebsvereinbarungen durchgesetzt haben.

Die letzte gesetzliche Erhöhung des Urlaubsanspruchs ist also fast 40 Jahre her und obwohl sich die Arbeitswelt in dieser Zeit massiv gewandelt hat, blieb der Urlaubsanspruch gleich. Stress, ständige Erreichbarkeit und ein erhöhtes Arbeitspensum setzen die arbeitenden Menschen immer stärker unter Druck. Die Veränderungen in der Arbeitswelt müssen sich auch auf den Urlaub auswirken. Es ist an der Zeit, den Urlaubsanspruch anzupassen und die 6. Urlaubswoche für alle durchzusetzen!

Diese Forderung steht auf unserer Agenda ganz oben, gerade deswegen ist es auch wichtig, dass sich Arbeitnehmer:innen mit dem Urlaubsrecht auseinandersetzen. Darum wünsche ich Ihnen eine interessante Lektüre und viel Freude bei der Beantwortung der Fragen Ihrer Kolleg:innen. Möge Ihnen dieses Werk eine gute Grundlage dafür bieten.

Wolfgang Katzian
Präsident Österreichischer Gewerkschaftsbund

Vorwort

Das Urlaubsrecht stellt einen zentralen Bestandteil des österreichischen Arbeitsrechts dar und regelt die Rechte und Pflichten von Arbeitnehmer:innen und Arbeitgebern in Bezug auf den Urlaub. In Österreich hat das Urlaubsrecht eine lange Geschichte, die eng mit dem Kampf der Arbeitnehmer:innenbewegung um bessere Arbeitsbedingungen verknüpft ist. So dient der Urlaub nicht nur zur Erhaltung der Gesundheit der Arbeitnehmer:innen – und somit auch ihrer Arbeitskraft –, sondern leistet auch einen wichtigen Beitrag zur Verkürzung der (Jahres-)Arbeitszeit und trägt somit wesentlich zur Selbstentfaltung der Menschen bei.

Der gesetzlich vorgesehene Jahresurlaub beträgt grundsätzlich fünf Wochen, erst nach einer Betriebszugehörigkeit von 25 Jahren erhöht sich der Urlaubsanspruch auf sechs Wochen. Aufgrund des ständigen Wandels der Arbeitswelt und der immer häufiger werdenden Arbeitsplatzwechsel erreichen viele Arbeitnehmer:innen den Anspruch auf eine sechste Urlaubswoche jedoch nie. Schon aus diesem Grund setzen sich der ÖGB und die Gewerkschaften vehement für eine Erhöhung des jährlichen Urlaubsanspruches für alle Arbeitnehmer:innen ein. In vielen Kollektivverträgen konnten bereits zusätzliche Urlaubs- und Freizeittage erreicht werden, die den Beschäftigten ein größeres Maß an Freizeit ermöglichen.

Die zentralsten Regelungen über den Urlaub finden sich im Urlaubsgesetz, das – grundsätzlich bereits der heutigen Systematik folgend – im Jahr 1976 in Kraft trat. In der Folge wurde es mehrmals novelliert und ergänzt, seit dem Beitritt Österreichs zur Europäischen Union prägen zunehmend auch europarechtliche Vorschriften und die Rechtsprechung des Europäischen Gerichtshofes das österreichische Urlaubsrecht. Daraus ergibt sich mitunter ein Spannungsverhältnis zu den in den nationalen Gesetzen verankerten Bestimmungen.

Der vorliegende Ratgeber richtet sich an Arbeitnehmerinnen und Arbeitnehmer, genauso wie an Betriebsräte, um Fragen von Kolleg:innen kompetent beantworten zu können. So werden die wichtigsten praxisrelevanten Fragestellungen rund um den Urlaub und der Pflegefreistellung anwender:innengerecht für die tägliche Arbeit im Betrieb aufbereitet und erörtert. Der Aufbau orientiert sich dabei an der Systematik des Urlaubsgesetzes, jedoch wird auch auf sondergesetzliche Bestimmungen zum Urlaub eingegangen.

Wien, im Februar 2024 *Dr. Michael Gogola*
Dr. Michael Trinko

Abkürzungen

ABGB	Allgemeines Bürgerliches Gesetzbuch
Abs	Absatz
AngG	Angestelltengesetz
Anm	Anmerkung/en
ArbIG	Arbeitsinspektionsgesetz
ArbVG	Arbeitsverfassungsgesetz
ARG	Arbeitsruhegesetz
Art	Artikel
AschG	ArbeitnehmerInnenschutzgesetz
AVRAG	Arbeitsvertragsrechts-Anpassungsgesetz
AZG	Arbeitszeitgesetz
AZ-RL	Arbeitszeit-Richtlinie (RL 2003/88/EG)
BAG	Berufsausbildungsgesetz
BeinstG	Behinderteneinstellungsgesetz
BGBl	Bundesgesetzblatt
BR	Betriebsrat
Bspw	beispielsweise
BUAG	Bauarbeiter-Urlaubs- und Abfertigungsgesetz
BUAK	Bauarbeiter-Urlaubs- und Abfertigungskasse
Bzw	beziehungsweise
Dh	das heißt
EG	Europäische Gemeinschaft(en)
Etc	et cetera
EU	Europäische Union
EuGH	Europäischer Gerichtshof
EWR	Europäischer Wirtschaftsraum
F	folgende(r)
Ff	fortfolgende(r)
Gem	gemäß
GP	Gesetzgebungsperiode
IA	Initiativantrag
idF	in der Fassung
idR	in der Regel
idZ	in diesem Zusammenhang
insb	insbesondere
iSd	im Sinne des/der
iZm	im Zusammenhang mit
KV	Kollektivvertrag/Kollektivverträge
Lit	Litera
MSchG	Mutterschutzgesetz
NR	Nationalrat
Nr	Nummer/n
ÖGB	Österreichischer Gewerkschaftsbund

OGH	Oberster Gerichtshof
RL	(europäische) Richtlinie
Rsp	Rechtsprechung
S	Seite
Sog	sogenannte(r, s)
TAG	Theaterarbeitsgesetz
ua	unter anderem; und andere
uE	unseres Erachtens
UrlG	Urlaubsgesetz
Usw	und so weiter
VBG	Vertragsbedienstetengesetz 1948
Vgl	vergleiche
VKG	Väter-Karenzgesetz
WKO	Wirtschaftskammer Österreich
Z	Ziffer bzw Zahl
zB	zum Beispiel

Geschichte, Aufgaben und Zwecke des Urlaubsrechts

Kapitel 1

1.1 Wie sehen die historischen Hintergründe des Rechts auf Urlaub aus, wie kam es zur Entstehung des Urlaubsrechts in der heutigen Form?

Im Kern geht das Urlaubsrecht in Österreich auf die Sozialgesetzgebung der Ersten Republik zurück. Zuvor hatten lediglich bestimmte Gruppen von Beschäftigten, zB Beamte, die Möglichkeit, Urlaub in geringem Umfang in Anspruch zu nehmen. Soweit privatrechtlich Beschäftigten überhaupt Urlaub gewährt wurde, bildeten die Grundlage dafür im Wesentlichen (einzel-)vertragliche Regelungen. Urlaub auf der Grundlage kollektivvertraglicher oder betriebsvereinbarungsrechtlicher Regelungen bürgerte sich erst nach und nach ein.

Während als erstes (Vorläufer-)Gesetz das Handlungsgehilfengesetz bereits 1910 ein Recht auf Urlaub zwischen zehn Tagen und drei Wochen pro Jahr für Teile der Privatangestellten vorsah, blieben weiten Teilen der Arbeitnehmer:innenschaft gesetzlicher Urlaub weiterhin verwehrt. Erst mit dem 1919 von der Nationalversammlung beschlossenen Arbeiterurlaubsgesetz erhielten alle Arbeitnehmer:innen in der Gewerbeordnung unterliegenden Betrieben, in öffentlichen und Monopolbetrieben, bei öffentlichen Belustigungen und Schaustellungen sowie im Eisenbahnwesen und im Bergbau einen gesetzlichen Anspruch auf Urlaub, welcher nach einem Jahr Betriebszugehörigkeit entstand und grundsätzlich eine Woche, nach fünf Jahren Betriebszugehörigkeit zwei Wochen, betrug.

1921 trat das Angestelltengesetz (AngG) in Kraft, das u.a. auch Bestimmungen über den Urlaub enthielt. Auch die Sondergesetze für bestimmte Berufsgruppen, etwa das Journalistengesetz und die Landarbeitsordnungen für Land- und Forstarbeiter:innen sahen Ansprüche auf Urlaub vor.

1946 trat das Arbeiterurlaubsgesetz in Kraft, welches den Urlaub der privatrechtlich beschäftigten Arbeiter:innen regelte, diese jedoch im Vergleich zu den Angestellten benachteiligte.

In der Folge setzte eine Entwicklung der Erweiterung des Urlaubsanspruchs und einer Vereinheitlichung der urlaubsrechtlichen Regelungen ein, wobei insbesondere der zwischen WKO und ÖGB im Jahr 1964 abgeschlossene Generalkollektivvertrag über die Einführung eines Mindesturlaubs von drei Wochen pro Jahr hervorzuheben ist.

1976 wurde schließlich das **Urlaubsgesetz („Bundesgesetz vom 7. Juli 1976 betreffend die Vereinheitlichung des Urlaubsrechts und die Einführung einer Pflegefreistellung**“) beschlossen, 1981 folgten ergänzende Sonderbestimmungen über die Nachtschwerarbeit, 1983 die Verankerung von 30 (Werk-)Urlaubstagen pro Jahr, nach Vollendung von 25 Dienstjahren von 36 (Werk-)Urlaubstagen. Im Laufe der nachfolgenden Jahre und Jahrzehnte wurden weitere Adaptionen – und großteils

Verbesserungen – etwa hinsichtlich der Nachtschwerarbeit oder der Pflegefreistellung vorgenommen.

1.2 Wie sind die Regelungen über den Urlaub rechtlich einzuordnen?

Das Urlaubsrecht bildet einen Teil des Arbeitsvertragsrechts, es betrifft also die **Rechtsbeziehung zwischen den Arbeitsvertragsparteien**. Gegenstand des Urlaubsrechts sind die **Pflicht des Arbeitgebers zur Gewährung von Urlaub** und das **Recht des/der Arbeitnehmer:in auf Freistellung von der Arbeit** (Freizeit zur Erholung) unter Fortzahlung des Entgelts.

1.3 Wo sind Fragen des Urlaubs geregelt?

Die zentrale Grundlage der Gewährung von Urlaub bildet das Urlaubsgesetz (UrlG, eigentlich: „Bundesgesetz vom 7. Juli 1976 betreffend die Vereinheitlichung des Urlaubsrechts und die Einführung einer Pflegefreistellung“), dessen Regelungen die allermeisten **privatwirtschaftlich beschäftigten Arbeitnehmer:innen** – Arbeiter:innen und Angestellte gleichermaßen – erfassen.

Sondergesetzliche Regelungen gibt es nur für bestimmte Gruppen, etwa für Beschäftigte in Theaterbetrieben, in der Land- und Forstwirtschaft, oder für Heimarbeiter:innen, da diese Arbeitsverhältnisse besondere Eigenschaften aufweisen. Daneben enthalten das Vertragsbedienstetengesetz (VBG) und das Beamten-Dienstrechtsgesetz (BDG) Bestimmungen über den Urlaub für Beschäftigte im Öffentlichen Dienst.

1.4 Wie ist das Urlaubsgesetz gegliedert?

Das Urlaubsgesetz bildet das zentrale Gesetz über den Urlaub im österreichischen Arbeitsrecht. Grob gesehen ist es in zwei Abschnitte gegliedert, wobei sich der erste Abschnitt mit dem „**Urlaub**“ beschäftigt, der zweite mit der „**Pflegefreistellung**“ (siehe Kapitel 14). Somit kommt schon in der Gesetzessystematik zum Ausdruck, dass es sich bei Urlaub und Pflegefreistellung um zwei getrennt voneinander zu betrachtende Rechtsinstitute handelt.

1.5 Was hat der Urlaub mit der Erholung des/der Arbeitnehmer:in zu tun?

Im Zentrum des Urlaubsbegriffs steht die **Erholung** des/der Arbeitnehmer:in, diese stellt geradezu den Hauptzweck des Urlaubs dar. Durch den Urlaub als **bezahlte Freistellung von der Arbeit** soll die Gesundheit der Arbeitnehmer:innen – und somit auch ihre Arbeitskraft – erhalten werden. Die Pflicht des Arbeitgebers, den Arbeitnehmer:innen Urlaub zu gewähren, ergibt sich bereits aus der Fürsorgepflicht des Arbeitgebers. Darüber hinaus soll der Urlaub mehr freie Zeit für soziale, kulturelle und persönliche Interessen ermöglichen. Das Leben soll nicht nur aus Arbeit bestehen, es soll auch Zeit zur freien Entfaltung der Arbeitnehmer:innen zur Verfügung stehen.

1.6 Welche Zwecke – neben der Erholung – werden mit dem Urlaubsrecht ansonsten noch verfolgt?

In erster Linie dient Urlaub dem Erholungszweck sowie dem damit verbundenen Gesundheitsschutzgedanken. Zusätzlich bewirkt die gesetzliche Festlegung eines bestimmten Ausmaßes an Urlaub auch eine Verkürzung der Jahresarbeitszeit für jeden/jede Arbeitnehmer:in. Auch aus diesem Grund enthalten viele Kollektivverträge Regelungen über zusätzliche Freizeittage oder eine leichtere Erreichbarkeit der sechsten Urlaubswoche.

1.7 Wenn der Urlaub vorrangig der Erholung der Arbeitnehmer:innen dient, dürfen diese dann während des Urlaubs auch nicht erholsamen Tätigkeiten nachgehen?

§ 5 Abs 2 UrlG

Grundsätzlich dürfen Arbeitnehmer:innen die durch den Urlaub erreichte Freizeit **völlig beliebig verwenden**, es kommt also – trotz der Kernaufgabe des Urlaubs, die Erholung des/der Arbeitnehmer:in sicherzustellen – nicht darauf an, ob der Urlaub auch tatsächlich erholsame Wirkung hat.

Übt jedoch ein/eine Arbeitnehmer:in während des Urlaubes eine dem Erholungszweck widersprechende Erwerbstätigkeit aus und erkrankt bzw verunfallt der/die Arbeitnehmer:in aufgrund dieser Erwerbstätigkeit, so findet eine Anrechnung der Krankenstandstage auf das Urlaubsausmaß – abweichend von der Grundregel – auch dann statt, wenn der Krankenstand länger als drei Tage dauert (siehe auch Kapitel 10).

1.8 Welche europarechtlichen Grundlagen gelten hinsichtlich des Urlaubs?

Die **EU-Arbeitszeitrichtlinie** (eigentlich: Richtlinie 2002/88/EG des Europäischen Parlaments und des Rates vom 4. November 2003 über bestimmte Aspekte der Arbeitszeitgestaltung) trifft nicht nur zentrale Festlegungen zum Thema Arbeitszeit, bspw. werden in der Richtlinie etwa die Höchstarbeitszeitgrenzen definiert, sondern sie enthält auch Aspekte im Zusammenhang mit dem Urlaub. Die EU-Richtlinie sieht mindestens **vier Wochen (bezahlten) Urlaub pro Jahr** vor. Die österreichische Rechtslage geht mit einem Urlaubsausmaß von grundsätzlich fünf Wochen pro Jahr also darüber hinaus und ist daher, was das Ausmaß des jährlichen Urlaubs betrifft, aus Arbeitnehmer:innensicht günstiger als die europarechtliche Situation. Die österreichischen Bestimmungen des Urlaubsrechts sind jedoch immer vor dem Hintergrund der Arbeitszeit-Richtlinie und im Lichte der dazu ergangenen Rechtsprechung auszulegen. Das bedeutet, vereinfacht gesagt, dass ein österreichisches Gesetz keine schlechteren Regeln festlegen darf, als die Richtlinie vorgibt.

Für wen gilt das Urlaubsgesetz?

Kapitel 2

2.1 Was versteht man überhaupt unter Urlaub?

Urlaub ist die – zeitlich begrenzte – **Freistellung des/der Arbeitnehmer:in von der Arbeit unter Fortzahlung des Entgelts**, die vor allem der Erholung des/der Arbeitnehmer:in von der Arbeit dient.

2.2 Für welche Arbeitnehmer:innen kommt das Urlaubsgesetz zur Anwendung?

§ 1 UrlG

Das Urlaubsgesetz gilt grundsätzlich für Arbeitnehmer:innen „aller Art, deren Arbeitsverhältnis auf einem privatrechtlichen Vertrag beruht", es wird somit am vertragsrechtlichen Begriff des/der Arbeitnehmer:in angeknüpft. Gemäß **§ 1151 Allgemeines Bürgerliches Gesetzbuch (ABGB)** ist Arbeitnehmer:in, wer aufgrund eines Arbeits- bzw Dienstvertrages zu Arbeitsleistungen für einen anderen in persönlicher Abhängigkeit verpflichtet ist. Ob es sich um eine Arbeiter:innen- oder Angestelltentätigkeit handelt, ist dabei nicht relevant, ebenso wenig, ob es sich um ein befristetes oder unbefristetes Dienstverhältnis handelt. Auch das Ausmaß der Arbeitszeit ist nicht von Bedeutung – das Urlaubsgesetz gilt also auch für Teilzeitbeschäftigte, dazu zählen auch geringfügig Beschäftigte.

2.3 Gilt das Urlaubsgesetz auch für Lehrlinge?

Das Urlaubsgesetz gilt auch für Lehrlinge in der Privatwirtschaft nach dem Berufsbildungsgesetz (BAG), da ihnen Arbeitnehmer:inneneigenschaft zukommt.

Ausnahme: Lehrlinge im Bausektor, die unter das Bauarbeiter-Urlaubs- und Abfertigungsgesetz (BUAG) fallen, haben Anspruch auf Urlaub nach dem BUAG und fallen daher **nicht** in den Geltungsbereich des Urlaubsgesetzes.

2.4 Gibt es eine spezielle Urlaubsregel für Jugendliche?

§ 32 KJBG

Für Jugendliche bis zur Vollendung des 18. Lebensjahres, die in einem Dienstverhältnis, einem Lehr- oder sonstigen Ausbildungsverhältnis stehen, sieht das Kinder- und Jugendlichen-Beschäftigungsgesetz (KJBG) spezielle Schutzbestimmungen vor. So haben Jugendliche, für die grundsätzlich das Urlaubsgesetz gilt, zusätzlich den Anspruch, dass auf Verlangen der Verbrauch des Urlaubes im Ausmaß von mindestens zwölf Werktage für die Zeit zwischen 15. Juni und 15. September zu vereinbaren ist (§ 32 KJBG).

§ 1 Abs 2 UrlG

2.5 Gibt es auch Arbeitnehmer:innen, für die das Urlaubsgesetz nicht gilt?

Im Urlaubsgesetz werden einige Gruppen von Beschäftigten aufgezählt, für die das Urlaubsgesetz nicht gilt. Dies sind

- Arbeitsverhältnisse der land- und forstwirtschaftlichen Arbeiter:innen, auf die das Landarbeitsgesetz (LAG) anzuwenden ist,
- Heimarbeiter:innen, die unter das Heimarbeitsgesetz fallen,
- Arbeitsverhältnisse zu einem Land, einem Gemeindeverband oder einer Gemeinde,
- Arbeitsverhältnisse zum Bund, auf die dienstrechtliche Vorschriften anzuwenden sind, die den Urlaubsanspruch zwingend regeln,
- Arbeitsverhältnisse zu Stiftungen, Anstalten oder Fonds, auf die das Vertragsbedienstetengesetz (VBG) unmittelbar oder sinngemäß anzuwenden ist,
- Arbeitsverhältnisse, auf die das Bauarbeiter-Urlaubs- und Abfertigungsgesetz (BUAG) anzuwenden ist, sowie
- Arbeitnehmer:innen im Sinne des § 1 Abs 1 des Theaterarbeitsgesetzes (TAG).

2.6 Fallen auch Ehegatt:innen oder Kinder, die im Familienunternehmen mitarbeiten, unter das Urlaubsgesetz und haben sie Anspruch auf Urlaub?

Ob der/die im (Familien-)Unternehmen mitarbeitende Ehegatt:in und Kinder unter das Urlaubsgesetz fallen, hängt von der Grundlage ihrer Leistungserbringung ab. Die Abgrenzung muss jeweils im Einzelfall vorgenommen werden.

Erfolgen die Arbeitsleistungen lediglich im Rahmen eines familienrechtlichen Verhältnisses oder aufgrund einer Beteiligung als Mitunternehmer, so liegt kein Arbeitsverhältnis vor und daher kommt das Urlaubsgesetz nicht zur Anwendung.

Beruht die Arbeitsleistung jedoch auf einem (Arbeits-)Vertragsverhältnis samt der damit einhergehenden Merkmale (Weisungsgebundenheit, Eingliederung in die betriebliche Organisation, ...), so gelangt das Urlaubsgesetz zur Anwendung und die arbeitenden Angehörigen haben dementsprechend Anspruch auf Urlaub im gesetzlichen Ausmaß.

2.7 Gilt das Urlaubsgesetz auch für Volontär:innen und Praktikant:innen?

Ein Volontariat unterscheidet sich von einem Praktikum insbesondere dadurch, dass es vom Ausbildungszweck bestimmt ist. Charakteristisch ist in diesem Zusammenhang die Ungebundenheit des/der Volontär:in gegenüber dem Unternehmen. Der/die Volontär:in ist also an keine Arbeitszeit gebunden und unterliegt auch keinen Weisungen durch die Geschäftsleitung, ist also nicht in den Betrieb eingegliedert. Den/die Volontär:in trifft auch keine Arbeitspflicht.Volontär:innen sollen also im Rahmen ihrer (sonstigen schulischen oder universitären) Ausbildung den Betrieb kennenlernen und sich praktische Kenntnisse und Fähigkeiten aneignen. Es handelt sich **nicht** um ein Arbeitsverhältnis.

Bei einem Praktikum (in der Regel treffender: „Ferialarbeitsverhältnis“) hingegen steht nicht das Aneignen von Kenntnissen durch die arbeitende Person im Mittelpunkt, sondern das Interesse des/der Betriebsinhaber:in an Arbeitsleistungen bzw die Verwertung der Arbeitskraft. (Ferial-)Praktikant:innen sind in die betriebliche Organisationsstruktur eingebunden, unterliegen einem Arbeitszeitregime und werden bei der Arbeit angewiesen. Sie sind daher als Arbeitnehmer:innen zu qualifizieren.

Ist unklar, ob ein Volontariat oder ein Ferialarbeitsverhältnis vorliegt, ist im Zweifel von einem (befristeten) Arbeitsverhältnis auszugehen.

Angesichts dieser Unterscheidung wird deutlich, dass das Urlaubsgesetz für Volontär:innen nicht zur Anwendung kommt, Ferialarbeitnehmer:innen jedoch Anspruch auf Urlaub nach dem Urlaubsgesetz (im aliquoten Ausmaß) zukommt.

Beispiel:
Eine Studentin möchte sich im Sommer ein bisschen Geld dazuverdienen. Sie arbeitet deshalb für einen Monat während der Ferien in einem Unternehmen. Auf wieviele Tage Urlaub hat sie Anspruch?

Die Studentin arbeitet nicht im Rahmen ihrer Ausbildung im Unternehmen, sondern um sich etwas dazu zu verdienen. Sie ist daher als Ferialarbeitnehmerin anzusehen und unterliegt somit den Regeln des Urlaubsrechts. Der Urlaubsanspruch entsteht jedoch aliquot, also im Verhältnis zur zurückgelegten Dienstzeit. Da die Ferialarbeitnehmerin für einen Monat arbeitet, stehen ihr zwei Urlaubstage zu.

Spezialgesetzliche Regelungen zum Urlaub

Kapitel 3

3.1 Welche Spezialgesetze, in denen der Urlaub geregelt wird, gibt es neben dem Urlaubsgesetz noch?

Für **Arbeitnehmer:innen in Theaterbetrieben**, deren Arbeitserbringung auf der Grundlage eines Bühnenarbeitsvertrages stattfindet, gilt anstelle des Urlaubsgesetzes das Theaterarbeitsgesetz (TAG). Sie haben Anspruch auf Urlaub im Ausmaß von mindestens vier Wochen, also 24 Werktage, pro Jahr. Der Urlaubsanspruch erhöht sich für jedes weitere begonnene Arbeitsjahr um zwei Werktage bis zum Höchstausmaß von sechs Wochen, also 36 Werktagen.

Für Beschäftigte in den unterschiedlichen Zweigen der **Bauwirtschaft** kommt das Bauarbeiter-Urlaubs- und Abfertigungsgesetz (BUAG) zur Anwendung. Dieses folgt einem etwas anderen System als das Urlaubsgesetz und sieht für Arbeitnehmer:innen mit Beschäftigungszeiten von 52 Anwartschaftswochen in einem Kalenderjahr einen Anspruch auf Urlaub in der Höhe von 30 Werktagen vor. Dieser Urlaubsanspruch erhöht sich auf 36 Werktage, wenn Beschäftigungszeiten von mindestens 1040 Anwartschaftswochen erreicht wurden.

3.2 Warum sieht das Bauarbeiter-Urlaubs- und Abfertigungsgesetz (BUAG) ein anderes System als das Urlaubsgesetz (UrlG) vor?

Im Unterschied zu jenen Arbeitnehmer:innen, die in den Anwendungsbereich des Urlaubsgesetzes fallen, ist für Bauarbeiter:innen ein Urlaubsanspruch vorgesehen, der abhängig von der Zahl der Beschäftigungswochen als Anwartschaft erworben wird. Grundsätzlich ist für 52 Anwartschaftswochen in einem Kalenderjahr ein Anspruch auf Urlaub in der Höhe von 30 Werktagen vorgesehen. Dieser Urlaubsanspruch erhöht sich auf 36 Werktage, wenn Beschäftigungszeiten von mindestens 1040 Anwartschaftswochen erreicht wurden. Der Anspruch auf Urlaub entsteht **im Verhältnis zu den im Urlaubsjahr zurückgelegten Beschäftigungswochen** bzw Teilen von Beschäftigungswochen. Die Ansprüche von Bauarbeiter:innen auf Urlaub richten sich – anders als jene der Arbeitnehmer:innen im Anwendungsbereich des Urlaubsgesetzes – nicht gegen den Arbeitgeber, sondern gegen die Bauarbeiter-Urlaubs- und Abfertigungskasse (BUAK), an die von den Arbeitgebern Beiträge gezahlt werden. Die Auszahlung des Urlaubsentgelts an die Arbeitnehmer:innen erfolgt durch den jeweils aktuellen Arbeitgeber.

Mit dem eigenständigen und sich von den im Urlaubsgesetz festgelegten Grundsätzen unterscheidenden Urlaubssystem für Bauarbeiter:innen soll die im Baugewerbe typische kurzfristige Beschäftigung und dem ebenfalls häufigen Wechsel des Arbeitgebers begegnet werden. Bauarbeiter:innen würden aufgrund der typischerweise kurzen Beschäftigungsdauer beim selben Arbeitgeber in vielen Fällen die notwendige Wartezeit für den (vollen) Urlaubsanspruch nicht erreichen, dennoch soll ihnen Urlaub ermöglicht werden.

3.3 Haben auch Beamt:innen und Vertragsbedienstete Anspruch auf Urlaub?

Beamt:innen werden nicht vom Geltungsbereich des Urlaubsgesetzes erfasst. Das Beamten-Dienstrechtsgesetz (BDG) sieht Erholungsurlaub im Ausmaß von 200 Stunden pro Kalenderjahr vor, wobei sich das Urlaubsausmaß auf 240 Stunden erhöht, ab dem Kalenderjahr, in dem der 43. Geburtstag vor dem 1. Juli liegt. Liegt der 43. Geburtstag in diesem Kalenderjahr nach dem 30. Juni, erhöht sich das Urlaubsausmaß ab dem darauffolgenden Kalenderjahr.

Universitätsprofessor:innen und Universitätsdozent:innen kommt grundsätzlich ein Urlaubsausmaß von 240 Stunden zu, die nur in ganzen Tagen von acht Stunden verbraucht werden dürfen. Lehrer:innen dienen anstelle des Urlaubs die Schulferien zur Erholung.

Das Vertragsbedienstetengesetz (VBG) ist dem BDG hinsichtlich des Urlaubs im Wesentlichen nachgebildet. Auf jene Arbeitsverhältnisse zum Bund, für die keine zwingenden dienstrechtlichen Vorschriften über den Erholungsurlaub geschaffen wurden, findet das Urlaubsgesetz allerdings Anwendung.

3.4 Haben auch Werkvertragsnehmer:innen oder freie Dienstnehmer:innen Anspruch auf Urlaub?

Das Urlaubsgesetz kommt nur für Arbeitnehmer:innen zur Anwendung und gilt daher nicht für freie Dienstnehmer:innen oder Werkvertragsnehmer:innen – bei diesen handelt es sich in vertragsrechtlicher Hinsicht um Selbstständige und sie haben daher auch **keinen Anspruch auf Urlaub** nach dem Urlaubsgesetz.

3.5 Ist es möglich, den Anspruch auf Urlaub vertraglich zu gewähren?

Jene Personen, auf die das Urlaubsgesetz nicht zur Anwendung kommt, können die Anwendung im Gesetz enthaltener Regelungen natürlich vertraglich vereinbaren. So kann etwa in einem freien Dienstvertrag ein Anspruch auf (bezahlten) Urlaub verankert werden oder andere Inhalte des Urlaubsgesetzes können in die vertragliche Vereinbarung aufgenommen werden.

3.6 Haben auch Arbeitnehmer:innen in Theaterbetrieben Anspruch auf Urlaub?

§ 15 TAG

Auch Arbeitnehmer:innen in Theaterbetrieben haben Anspruch auf Urlaub. Der Urlaubsanspruch ist im Theaterarbeitsgesetz (TAG) geregelt. Dem/der Theaterarbeiter:in gebührt für jedes Arbeitsjahr ein ununterbrochener bezahlter Urlaub im Ausmaß von mindestens vier Wochen (24 Werktage). Der Urlaubsanspruch erhöht sich für jedes weitere begonnene Arbeitsjahr um zwei Werktage bis zum Höchstausmaß von sechs Wochen (36 Werktage). Der Anspruch auf Urlaub entsteht in den ersten sechs Monaten des ersten Arbeitsjahres im Verhältnis zu der im Arbeitsjahr zurückgelegten Arbeitszeit, nach sechs Monaten in voller Höhe. Ab dem zweiten Arbeitsjahr entsteht der gesamte Urlaubsanspruch mit Beginn des Arbeitsjahres. Der Zeitpunkt des Urlaubsantritts ist mit Rücksicht auf die den Betriebsverhältnissen entsprechende Zeit, bei ganzjährigen Arbeitsverhältnissen tunlichst für die Zeit zwischen dem 1. Mai und 30. September zu bestimmen und dem/der Arbeitnehmer:in rechtzeitig vorher bekannt zu geben. Der Urlaubsantritt hat jedenfalls so zu erfolgen, dass der Urlaub möglichst bis zum Ende des Urlaubsjahres, in dem der Anspruch entstanden ist, verbraucht wird. Ist ein Verbrauch im laufenden Urlaubsjahr nicht möglich, so kann der entstandene Urlaub auch in das nächstfolgende Urlaubsjahr übertragen werden. Im Urlaubsgesetz ist festgelegt, dass der Urlaubsanspruch nach Ablauf von zwei Jahren ab dem Ende des Urlaubsjahres, in dem er entstanden ist, verjährt.

Urlaubsausmaß und Urlaubsanspruch

Kapitel 4

4.1 Wie viele Urlaubstage pro Arbeitsjahr stehen den Arbeitnehmer:innen zu?

§ 2 Abs 1 UrlG

Das gesetzliche Urlaubsausmaß hängt von der Beschäftigungsdauer des/der Arbeitnehmer:in ab. Das Urlaubsausmaß beträgt bei einer Dienstzeit von weniger als 25 Jahren **30 Werktage** (fünf Wochen) und erhöht sich nach Vollendung des 25. Jahres auf **36 Werktage** (sechs Wochen).

Für die Bemessung des Urlaubsausmaßes werden nicht nur Dienstzeiten beim selben Arbeitgeber berücksichtigt, sondern zB auch Schul- und Studienzeiten.

4.2 Was ist der Unterschied zwischen Werk-, Arbeits- und Kalendertagen?

Ist im Zusammenhang mit dem Urlaub von einem Tag die Rede, so ist damit immer ein **Kalendertag** (alle sieben Tage der Woche) gemeint. Das Urlaubsgesetz geht bei der Berechnung des Urlaubsausmaßes von Werktagen aus. Als **Werktage** gelten alle Kalendertage, außer Sonn- und Feiertage. Werktage sind demnach die Wochentage von Montag bis einschließlich Samstag, mit Ausnahme der gesetzlichen Feiertage, die in diesen Zeitraum fallen. Wenn an einem Samstag nicht im Betrieb gearbeitet wird (aufgrund einer Fünf-Tage-Woche), wird dieser Samstag dennoch vom in Werktagen berechneten Urlaub abgezogen. Unter Arbeitstagen werden jene Tage verstanden, an denen im Betrieb gearbeitet wird. Es besteht die Möglichkeit, die Berechnung des Urlaubs von Werktagen auf **Arbeitstage** umzustellen. Das kommt vor allem dann in Betracht, wenn die Arbeitswoche kürzer als sechs Arbeitstage (Montag bis Samstag) ist.

4.3 Kann der Urlaub von Werktagen auf Arbeitstage umgestellt werden?

Das Urlaubsgesetz regelt den Urlaubsanspruch in Werktagen, basierend auf einer Sechs-Tage-Woche. Ist der/die Arbeitnehmer:in regelmäßig nur an fünf oder weniger Tagen in der Woche beschäftigt, so ist der Urlaubsanspruch auf die entsprechenden Arbeitstage **umzurechnen**. Das bedeutet bei einer Fünf-Tage-Woche ein gesetzliches Urlaubsausmaß von 25 oder 30 Urlaubstagen pro Jahr, also, dass der Arbeitgeber die 30 bzw 36 Werktage Urlaub, die dem/der Arbeitnehmer:in gesetzlich zustehen, auf 25 bzw 30 Arbeitstage umrechnet. So hat der/die Arbeitnehmer:in auch hier wieder fünf bzw sechs Wochen Urlaub pro Jahr zur Verfügung. Vor allem bei Teilzeitbeschäftigten, aber auch bei Arbeitnehmer:innen, die nicht sechs Tage die Woche arbeiten, wird der Urlaub in Arbeitstagen berechnet.

4.4 Warum sieht das Gesetz eine Berechnung in Werktagen vor?

Der Gesetzgeber entschied sich, die Berechnung von damals Wochen auf Werktage umzustellen. Hintergrund war, dass damals eine Sechs-Tage-Arbeitswoche üblich war. Da aber nunmehr oftmals eine Fünf-Tage-Arbeitswoche vereinbart wird, kann der Urlaub auch auf Arbeitstage umgestellt werden.

4.5 Kann der Kollektivvertrag oder die Betriebsvereinbarung mehr Urlaubstage festlegen, als im Gesetz vorgesehen sind?

Aufgrund des Günstigkeitsprinzips kann der Kollektivvertrag mehr, aber nicht weniger Urlaubstage als das Gesetz vorsehen. Rechtsgrundlage dafür ist **§ 2 Abs 2 Z 2 ArbVG**. Danach kann der Kollektivvertrag die gegenseitigen Rechte und Pflichten der Arbeitgeber und Arbeitnehmer aus dem Arbeitsverhältnis regeln. Der Kollektivvertrag der Sozialwirtschaft Österreich (SWÖ-KV) sieht beispielsweise vor, dass sich das Urlaubsausmaß nach einer einjährigen Betriebszugehörigkeit auf 31 Werktage bzw 26 Arbeitstage erhöht.

Gemäß **§ 97 Abs 1 Z 10 ArbVG** können in Betriebsvereinbarungen jedoch nur Grundsätze über den Verbrauch des Erholungsurlaubes geregelt werden, nicht der konkrete Urlaubsverbrauch selbst. Eine Regelung des Urlaubsausmaßes in einer Betriebsvereinbarung der Höhe in einer Betriebsvereinbarung ist also gesetzlich nicht vorgesehen, auch wenn eine entsprechende Regelung günstiger für den/die Arbeitnehmer:in ist.

§ 12 UrlG

4.6 Kann auch weniger Urlaub vereinbart werden, als im Gesetz vorgesehen ist?

Grundsätzlich kann mit dem/der Arbeitnehmer:in **kein niedrigerer Urlaubsanspruch** als gesetzlich vorgesehen ist vereinbart werden. Die Ansprüche des/der Arbeitnehmer:in aus dem Urlaubsgesetz sind unabdingbar. Das bedeutet, dass die Rechte, die dem/der Arbeitnehmer:in nach dem Urlaubsgesetz zustehen, weder durch den Arbeitsvertrag noch durch die Arbeitsordnung, den Kollektivvertrag oder die Betriebsvereinbarung aufgehoben oder eingeschränkt werden können. Ungünstigere Regelungen sind nur dann zulässig, wenn sie ausdrücklich gesetzlich vorgesehen sind. Ein Beispiel dafür ist **§ 2 Abs 4 UrlG** hinsichtlich der Umstellung des Arbeitsjahres auf das Kalenderjahr, siehe 4.8.

4.7 Was versteht man unter „Sonderurlaub"?

Mitunter wird auf der Grundlage einer kollektiv- oder einzelvertraglichen Regelung eine größere Zahl von Urlaubstagen gewährt, als gesetzlich (als Mindestmaß) vorgesehen ist. Aufgrund des Günstigkeitsprinzips können schließlich auch mehr, aber nicht weniger Urlaubstage als im Gesetz vorgesehen werden, gewährt werden. Solche zusätzlichen Urlaubstage werden in der Praxis häufig als „Sonderurlaub" bezeichnet, teilweise ist die Begriffsverwendung jedoch äußerst unscharf und im alltäglichen Sprachgebrauch werden häufig auch andere Freistellungszeiten (zB die Pflegefreistellung) als „Sonderurlaub" bezeichnet – obwohl es sich bei derartigen Freistellungen nicht um Urlaub handelt.

4

Beispiel:
Eine Arbeitnehmerin ist bereits zwei Jahre lang bei einem Unternehmen im Sozialbereich tätig. Wie viele Urlaubstage stehen der Arbeitnehmerin pro Jahr zu?

Nach zwei Jahren Beschäftigung beim selben Arbeitgeber ist ein gesetzliches Urlaubsausmaß von fünf Wochen (also 30 Werktagen bzw bei einer Fünf-Tage-Woche 25 Arbeitstagen) pro Jahr vorgesehen. Der Kollektivvertrag der Sozialwirtschaft Österreich (SWÖ-KV) sieht jedoch ein Urlaubsausmaß von 31 Werktagen bzw 26 Arbeitstagen bereits nach dem ersten Beschäftigungsjahr vor. Die Arbeitnehmerin hat daher um einen Tag mehr Urlaub zur Verfügung als gesetzlich vorgesehen.

4.8 Welche gesetzlichen Feiertage gibt es in Österreich?

§ 7 Abs 2 ARG

In Österreich sind 13 Feiertage gesetzlich anerkannt und grundsätzlich arbeitsfrei. Diese sind:

- 1. Jänner (Neujahr),
- 6. Jänner (Heilige Drei Könige),
- Ostermontag,
- 1. Mai (Staatsfeiertag),
- Christi Himmelfahrt,
- Pfingstmontag,
- Fronleichnam,
- 15. August (Mariä Himmelfahrt),
- 26. Oktober (Nationalfeiertag),
- 1. November (Allerheiligen),

- 8. Dezember (Mariä Empfängnis),
- 25. Dezember (Weihnachten) und
- 26. Dezember (Stephanstag).

Davon zu unterscheiden ist der sogenannte „persönliche Feiertag", der kein gesetzlicher Feiertag ist, sondern ein Tag an dem der/die Arbeitnehmer:in einseitig Urlaub antreten kann. Die gesetzliche Regelung dazu findet sich aber im Arbeitsruhegesetz (ARG). (Siehe 7.35, Was versteht man unter einem „persönlichen Feiertag"?, Seite 68)

4

4.9 Was versteht das Urlaubsrecht unter dem Begriff Arbeitsjahr?

Dem/der Arbeitnehmer:in gebührt für jedes Arbeitsjahr ein (bezahlter) Urlaub im Ausmaß von mindestens fünf Wochen. Das Arbeitsjahr ist grundsätzlich identisch mit dem Urlaubsjahr. Das Arbeitsjahr beginnt immer mit dem Beginn des Arbeitsverhältnisses und dauert bis zum davor liegenden Tag des nächsten Jahres. Wenn das Arbeitsjahr beispielsweise am 1. Dezember 2024 beginnt, dauert das Arbeits- oder Urlaubsjahr bis zum 30. November 2025. Das Arbeitsjahr **muss also nicht dem Kalenderjahr entsprechen** – jeder/jede Arbeitnehmer:in hat also ein eigenes (und im Vergleich zu den anderen Arbeitnehmer:innen im Betrieb unterschiedliches) Arbeitsjahr.

§ 2 Abs 4 UrlG

4.10 Kann das Urlaubsjahr auch auf das Kalenderjahr umgestellt werden?

Es ist gesetzlich möglich, das Urlaubsjahr vom Arbeitsjahr auf das Kalenderjahr umzustellen. Das Kalenderjahr umfasst den Zeitraum vom 1. Jänner bis zum 31. Dezember. Es besteht aber auch die Möglichkeit, das Urlaubsjahr auf einen anderen Jahreszeitraum als das Kalenderjahr umzustellen. Üblicherweise wird jedoch – schon der Einfachheit halber – auf das Kalenderjahr umgestellt. Die Umstellung soll den Urlaubszeitraum für alle Arbeitnehmer:innen vereinheitlichen und die Verwaltung im Unternehmen erleichtern.

4.11 Was ist bei der Umstellung vom Arbeitsjahr auf das Kalenderjahr zu beachten?

Eine Umstellung ist nur dann möglich, wenn sie für den/die Arbeitnehmer:in vorteilhaft ist. Das Urlaubsgesetz sieht vor, dass Ansprüche aus diesem Gesetz unabdingbar sind – davon also nicht durch Vereinbarung abgewichen werden darf – und eine Umstellung **keine Nachteile für den/die Arbeitnehmer:in** mit sich bringen darf. Jedoch sieht § 2 Abs 4

UrlG eine Ausnahme vor. Durch Kollektivvertrag, Betriebsvereinbarung oder in Betrieben ohne Betriebsrat kann anstelle des Arbeitsjahres das Kalenderjahr oder ein anderer Jahreszeitraum als Urlaubsjahr vereinbart werden. Das Günstigkeitsprinzip findet in diesem Fall keine Anwendung. Geregelt werden kann dabei die Umstellung für neu eintretende Arbeitnehmer, sowie für länger als ein Jahr im Betrieb Beschäftigte, es können aber auch Regelungen für Beschäftigte, die die sechste Urlaubswoche erreichen, getroffen werden.

Urlaub für Teilzeitbeschäftigte und bei Änderung des Arbeitszeitausmaßes

Kapitel 5

5.1 Wann liegt ein Teilzeitarbeitsverhältnis vor?

§ 19d Abs 1 AZG

Teilzeitarbeit liegt vor, wenn die vereinbarte durchschnittliche Wochenarbeitszeit die gesetzliche Normalarbeitszeit von 40 Stunden unterschreitet. Gilt daher für ein Arbeitsverhältnis die gesetzliche Normalarbeitszeit von 40 Stunden, so liegt daher schon bei einer durchschnittlichen wöchentlichen Arbeitszeit von 39 Stunden Teilzeitarbeit vor. Sieht jedoch ein Kollektivvertrag eine kürzere als die gesetzliche Normalarbeitszeit von 40 Stunden vor, so liegt Teilzeitarbeit vor, wenn diese kollektivvertraglich verkürzte Arbeitszeit im Durchschnitt unterschritten wird.

Beispiel Teilzeitarbeit bei kollektivvertraglicher Verkürzung der wöchentlichen Normalarbeitszeit:
Der Kollektivvertrag für Handelsangestellte sieht eine wöchentliche Normalarbeitszeit von 38,5 Stunden vor. Daher handelt es sich bei Arbeitsverhältnissen die dem Geltungsbereich dieses Kollektivvertrages unterliegen dann um Teilzeitarbeit, wenn ein Stundenausmaß (zB 37 Wochenstunden) das unter 38,5 Stunden liegt, vereinbart wurde.

5.2 Welche gesetzlichen Regelungen sieht das Urlaubsgesetz für Teilzeitbeschäftigte vor?

Das Urlaubsgesetz sieht keine besonderen Regelungen für Teilzeitbeschäftigte vor. Der Grund dafür ist, dass bei der Einführung des Urlaubsgesetzes die Vollzeitbeschäftigung die Regel und die Teilzeitbeschäftigung die Ausnahme war. Teilzeitbeschäftigte dürfen jedoch nicht schlechter gestellt werden als Vollzeitbeschäftigte (Diskriminierungsverbot), daher haben auch Teilzeitbeschäftigte Anspruch auf fünf bzw. sechs Wochen Urlaub.

5.3 Wird das Urlaubsausmaß von Teilzeitbeschäftigten auch in Werktagen berechnet?

Grundsätzlich ist nicht das Arbeitszeitausmaß für die Berechnung in Werk- oder Arbeitstagen ausschlaggebend. Jedenfalls soll, wenn weniger als eine Sechs-Tage-Arbeitswoche bzw tageweiser Urlaubsverbrauch vereinbart wurde, eine Umstellung auf Arbeitstage vorgenommen werden.

5.4 Wie berechnen sich die Urlaubstage bei Teilzeitbeschäftigten?

Auch Teilzeitbeschäftigte haben Anspruch auf mindestens fünf Wochen Urlaub pro Jahr, genauso wie Vollzeitbeschäftigte. Das bedeutet, dass ein/eine Teilzeitbeschäftigte:r, der/die nur einen Tag pro Woche arbeitet, Anspruch auf fünf Urlaubstage pro Jahr hat. Wenn ein/eine Teilzeitbeschäftigte:r zwei, drei oder vier Tage pro Woche arbeitet, hat er/sie dementsprechend zehn, fünfzehn oder zwanzig Urlaubstage pro Jahr zur Verfügung. Das bedeutet also: Die Anzahl der Urlaubstage pro Jahr ergibt sich aus der Multiplikation der Anzahl der Arbeitstage pro Woche mit fünf (der Zahl der gesetzlichen Urlaubswochen). Der Urlaubsanspruch eines/einer Teilzeitbeschäftigten ist daher **von der Anzahl der Arbeitstage pro Woche abhängig.** Es ist für die Berechnung unerheblich, ob es dabei zu unregelmäßigen Arbeitszeiten kommt. Wenn ein/eine Teilzeitbeschäftigte:r 30 Stunden an fünf Tagen arbeitet, hat er/sie Anspruch auf 25 Arbeitstage Urlaub pro Jahr. Für die Berechnung des Urlaubsausmaßes ist es bei fünf Arbeitstagen pro Woche somit irrelevant, ob an drei Tagen acht Stunden und an den anderen zwei Tagen drei Stunden gearbeitet wird. Ein/eine Teilzeitbeschäftigte:r, der/die 20 Stunden in vier Tagen arbeitet, hat Anspruch auf 20 Arbeitstage Urlaub pro Jahr, was fünf Wochen Urlaub pro Jahr entspricht.

5.5 Wie berechnet sich der Urlaub bei einem Wechsel der Arbeitszeit (zwischen Vollzeit und Teilzeit)?

Wenn der Urlaub in Arbeitstagen anstelle von Werktagen berechnet wird, muss der Urlaubsanspruch bei einem Wechsel von Vollzeit (zB fünf Arbeitstagen) zu Teilzeit (zB vier Arbeitstagen) oder bei einer anderen Änderung der Arbeitszeit, die mit einer Änderung der Anzahl der Arbeitstage einhergeht, an die neue Anzahl der Arbeitstage angepasst werden. Eine Anpassung des Urlaubsanspruchs ist nur dann erforderlich, wenn sich die Anzahl der Arbeitstage aufgrund einer Änderung des Arbeitszeitvolumens ändert. Wenn sich die Änderung nur auf die Arbeitszeit an denselben Arbeitstagen bezieht, bleibt der Urlaubsanspruch unverändert.

5.6 Wie ist mit bestehenden Urlaubsansprüche bei einem Wechsel der Arbeitszeit (zwischen Vollzeit und Teilzeit) umzugehen?

Ändert sich das Arbeitszeitausmaß, so stellt sich die Frage, wie mit in der Vergangenheit entstandenen Urlaubsansprüchen („Resturlaub“) umzugehen ist.

Beispiel:
Ein/eine Arbeitnehmer:in hat ihre Arbeitszeit von Vollzeit (fünf Tage pro Woche) auf 15 Wochenstunden an drei Tagen pro Woche reduziert. Zum Zeitpunkt der Reduktion hatte der/die Arbeitnehmer:in noch 25 Arbeitstage Resturlaub, was fünf Wochen Urlaub entspricht. Der Resturlaub wird an die neue Arbeitszeit angepasst. Dadurch hat der/die Arbeitnehmer:in Anspruch auf 15 Arbeitstage Urlaub. Vereinfacht gesagt, wird der noch offene Urlaub immer in Wochen berechnet. Anschließend wird diese Wochenanzahl mit der neuen Anzahl an Arbeitstagen multipliziert.

Im obigen Beispiel hat man fünf Wochen Urlaub, aber auch drei Arbeitstage nach Verkürzung der Arbeitszeit. Diese Berechnung wird auch bei der Erhöhung der Arbeitstage, zum Beispiel beim Umstieg von Teilzeit auf Vollzeit, angewandt.

Beispiel:
Ein/eine Arbeitnehmer:in wechselt von einer Teilzeitbeschäftigung mit einem Arbeitstag pro Woche zu einer Vollzeitbeschäftigung mit fünf Arbeitstagen. Durch die Erhöhung der Arbeitszeit, die auch mit einer Erhöhung der Arbeitstage verbunden ist, muss der Resturlaub neu berechnet werden. Hat der/die Arbeitnehmer:in zB einen offenen Urlaubsanspruch von 3 Arbeitstagen, so entsprechen diese 3 Arbeitstage 3 Wochen Urlaub. Nach der Erhöhung der Arbeitszeit auf eine Fünf-Tage-Woche müssen dem/der Arbeitnehmer:in auch diese 3 Wochen gewährt werden. Durch die Umstellung werden also aus den bisherigen 3 Arbeitstagen 15 Arbeitstage. Diese 15 Arbeitstage bei Vollzeitbeschäftigung entsprechen den drei Wochen Urlaub, die der/die Arbeitnehmer:in auch bei reduzierter Arbeitszeit zustehen.

5.7 Was passiert mit dem Urlaub, wenn die Stundenanzahl verringert oder erhöht wird?

Der Urlaubsanspruch bleibt gleich, wenn sich nur die Arbeitszeit an den gleichen Tagen ändert. Wenn sich aber die Anzahl der Arbeitstage ändert, muss der Urlaubsanspruch angepasst werden.

§ 2 Abs 2 UrlG

5.8 Ab wann entsteht der Anspruch auf Urlaub?

In den ersten sechs Monaten des Arbeitsverhältnisses erhöht sich der Urlaubsanspruch proportional zur Dauer der Beschäftigung im Betrieb (sogenannte **Aliquotierung des Urlaubs**). Ab dem siebten Monat hat der/die Arbeitnehmer:in Anspruch auf den vollen Jahresurlaub. Ab dem zweiten Beschäftigungsjahr wird der volle Jahresurlaub bereits zu Beginn des Arbeitsjahres gewährt.

§ 2 Abs 2 UrlG

5.9 Wie viel Urlaub steht mir im ersten Arbeitsjahr zu?

5

Der volle Urlaubsanspruch entsteht erst nach sechs Monaten des ersten Arbeitsjahres. Das bedeutet, dass bei Beginn des Arbeitsverhältnisses am 1. September 2024 der volle Jahresurlaubsanspruch erst am 1. Mai 2025 entsteht. Für die ersten sechs Monate wird der Urlaubsanspruch aliquotiert. Das bedeutet, dass der/die Arbeitnehmer:in einen Urlaubsanspruch entsprechend der Beschäftigungsdauer erwirbt.

5.10 Wie wird die Aliquotierung nach Werktagen oder Arbeitstagen genau berechnet?

Der gesetzlich zustehende Jahresurlaub in Werktagen (30 bzw 36) bzw Arbeitstagen (25 bzw 30 bei einer Fünf-Tage-Woche) ist mit der Anzahl der bisher im Arbeitsverhältnis zurückgelegten Kalendertage zu multiplizieren und danach durch die Anzahl der Kalendertage eines Jahres (365 Tage, in einem Schaltjahr 366 Tage) zu teilen.

Beispiel:
Hat ein/eine Arbeitnehmer:in sein/ihr Arbeitsverhältnis am 1. Jänner begonnen und möchte wissen, wie viele Urlaubstage ihm/ihr am 12. Februar desselben Jahres zustehen, so ist die Berechnung wie folgt durchzuführen: Der/die Arbeitnehmer:in hat Anspruch auf 30 Werktage Urlaub. Diese 30 Werktage werden mit 43 (Kalendertage vom 1. Januar bis 12. Februar) multipliziert (= 1.290). Diese Zahl wird dann durch die Kalendertage des Jahres geteilt. Da es sich in diesem Beispiel nicht um ein Schaltjahr handelt, muss durch 365 geteilt werden, was 3,53 Werktage Urlaub ergibt. Diese 3,53 Urlaubstage werden zugunsten des/der Arbeitnehmer:in aufgerundet. Für den Beschäftigungszeitraum vom 1. Januar bis zum 12. Februar hat der/die Arbeitnehmer:in somit Anspruch auf 4 Urlaubstage.

5.11 Gibt es Gründe, warum in einem Urlaubsjahr ausnahmsweise nicht der volle Urlaubsanspruch entsteht?

Der Urlaubsanspruch kann für entgeltfreie Zeiten dann vermindert werden, wenn es dafür eine gesetzliche Grundlage gibt. Die in der Praxis am häufigsten vorkommenden gesetzlichen Regelungen sind die Ableistung des Präsenz- oder Zivildienstes, Elternkarenz und Bildungskarenz. Die Zeiten des Präsenz- oder Zivildienstes vermindern den Urlaubsanspruch für das laufende Urlaubsjahr. Fallen daher in ein Urlaubsjahr Zeiten eines Präsenz- oder Zivildienstes, so gebührt der Urlaub in dem Ausmaß, das dem um die Dauer des Präsenz- oder Zivildienstes verminderten Urlaubsjahr entspricht. Diese Kürzung des Urlaubsanspruches tritt jedoch nur ein, wenn die Zeit der Einberufung im Urlaubsjahr 30 Tage übersteigt. Mehrere solche Einberufungen im Urlaubsjahr werden zusammengerechnet.

Aber auch bei einer Elternkarenz ist eine Aliquotierung gesetzlich vorgesehen. Fallen in das jeweilige Arbeitsjahr Zeiten einer Elternkarenz, so gebührt ein Urlaub, soweit dieser noch nicht verbraucht worden ist, in dem Ausmaß, das dem um die Dauer der Karenz verkürzten Arbeitsjahr entspricht. Ergeben sich bei der Berechnung des Urlaubsausmaßes Bruchteile von Werktagen, so sind diese immer auf volle Werktage aufzurunden.

5.12 Kann der Urlaubsanspruch auch bei langandauernder Krankheit gekürzt werden?

Auch wenn der Krankenstand so lange dauert, dass der Arbeitgeber keine Entgeltfortzahlung mehr leisten muss, vermindert sich der Urlaubsanspruch nicht. Der Gesetzgeber hat ausdrücklich geregelt, dass auch für entgeltfreie Zeiten der Urlaubsanspruch **nicht gekürzt werden darf**, wenn das Gesetz dies nicht ausdrücklich vorsieht.

Erhöhter Urlaubsanspruch und Anrechnung von Vordienstzeiten

Kapitel 6

6.1 Welche Zeiten werden als Vordienstzeiten im Urlaubsgesetz zur Erreichung der sechsten Urlaubswoche angerechnet?

§ 3 UrlG

Nach einer Dienstzeit von 25 Jahren erhöht sich der Urlaubsanspruch von 30 auf 36 Werktage. Für diese Wartezeit von 25 Jahren sind nicht nur Zeiten bei **demselben Arbeitgeber** anzurechnen. Auch Zeiten bei **anderen Arbeitgebern, Schulzeiten**, aber auch der **Abschluss eines Hochschulstudiums** sind bis zu einem gewissen Ausmaß anzurechnen. Aber auch **Haftzeiten nach dem Opferfürsorgegesetz**, Zeiten als **Entwicklungshelfer:in** und Zeiten einer im Inland ausgeübten **selbständigen Erwerbstätigkeit** sind zu berücksichtigen.

6.2 Können Vordienstzeiten über das gesetzliche Ausmaß hinaus angerechnet werden?

Ja. Die gesetzlichen Regelungen stellen einen **Mindestanspruch** auf Anrechnung von Vordienstzeiten dar. Eine schlechtere Anrechnung bzw eine Anrechnung unter dem gesetzlichen Ausmaß ist unzulässig. Es können aber mit dem/der Arbeitnehmer:in günstigere Vereinbarungen (zB im Kollektivvertrag) über die Anrechnung von Vordienstzeiten vereinbart werden.

6.3 Welche Pflichten treffen den Arbeitgeber im Zusammenhang mit anrechenbaren Vordienstzeiten?

Der Arbeitgeber hat eine Aufklärungs- bzw. Fürsorgepflicht in Bezug auf Vordienstzeiten. Selbstverständlich sollten Arbeitnehmer:innen anrechenbare Zeiten schon beim Vorstellungsgespräch von sich aus bekannt geben. Den Arbeitgeber trifft aber jedenfalls eine Fragepflicht. Kommt der Arbeitgeber seiner Aufklärungs- bzw Fragepflicht nicht nach, so kann der/die Arbeitnehmer:in die Vordienstzeiten selbst geltend machen. Das Gesetz sieht dafür keine zeitliche Beschränkung vor.

6.4 Was ist, neben den gesetzlichen Anrechnungsbestimmungen, ansonsten noch im Hinblick auf das Erreichen der sechsten Urlaubswoche zu beachten?

Viele Kollektivverträge sehen **Bestimmungen zur leichteren Erreichbarkeit der sechsten Urlaubswoche** vor. Häufig wird aufgrund des Kollektivvertrags die sechste Urlaubswoche etwa schon vor Erreichen einer Beschäftigungszeit von 25 Jahren gewährt oder die Zahl der Urlaubstage steigert sich mit Erreichen einer bestimmten Dienstzugehörigkeit. Es ist also wichtig, im Hinblick auf die sechste Urlaubswoche nicht nur das Gesetz, sondern auch den Kollektivvertrag zu lesen.

Der Kollektivvertrag der Sozialwirtschaft Österreich sieht beispielsweise vor, dass sich das Urlaubsausmaß nach einer einjährigen Betriebszugehörigkeit auf 31 Werktage erhöht.

6.5 Was ist bei Dienstzeiten bei demselben Arbeitgeber bei der Zusammenrechnung zu beachten?

Grundsätzlich werden alle Dienstzeiten beim selben Arbeitgeber zusammengerechnet. Diese Dienstzeiten werden unabhängig von ihrer Dauer **in vollem Umfang** angerechnet.

Dabei ist jedoch zu beachten: Die Dienstzeiten dürfen nicht länger als drei Monate unterbrochen sein, damit sie zusammengerechnet werden können. Eine Zusammenrechnung findet jedoch auch dann nicht statt, wenn die Unterbrechung auf eine Kündigung des Arbeitsverhältnisses durch den/die Arbeitnehmer:in, auf einen vorzeitigen Austritt ohne wichtigen Grund oder auf eine von dem/der Arbeitnehmer:in verschuldete Entlassung zurückzuführen ist.

§ 3 Abs 2 Z 1 UrlG

6.6 Welche Dienstzeiten in einem anderen Arbeitsverhältnis werden angerechnet?

Vordienstzeiten aus einem anderen Arbeitsverhältnis oder als Heimarbeiter:in werden bis zu einem **Höchstausmaß von fünf Jahren** angerechnet. Das frühere Arbeitsverhältnis muss jedoch mindestens sechs Monate gedauert haben. Für die Anrechnung spielt es keine Rolle, ob das frühere Arbeitsverhältnis in Vollzeit oder Teilzeit ausgeübt worden ist. Auch die frühere Tätigkeit (Arbeiter:in, Angestellte:r oder Lehrling) ist für die Anrechnung unerheblich. Auch die Dauer mehrerer Arbeitsverhältnisse bei unterschiedlichen Arbeitgebern kann angerechnet werden, wenn sie jeweils länger als sechs Monate gedauert haben. Laut dem Gesetzestext sind aber nur Inlandsdienstzeiten anrechenbar. Jedoch sind aber Vordienstzeiten aus Arbeitsverhältnissen ua aus Mitgliedstaaten der EU aufgrund der Freizügigkeitsverordnung zu beachten. Daher sind jedenfalls auch Dienstzeiten, die bei Arbeitgebern innerhalb der EU bzw innerhalb des EWR und der Schweiz absolviert wurden, als Vordienstzeiten anzurechnen.

6.7 Welche Schulzeiten können angerechnet werden?

§ 3 Abs 2 Z 2 UrlG

Es werden nur Schulzeiten angerechnet, die **über die Erfüllung der allgemeinen Schulpflicht** hinausgehen. Die allgemeine Schulpflicht dauert neun Jahre und beginnt mit dem 1. September nach Vollendung des sechsten Lebensjahres. Anrechenbar sind Zeiten, die an einer inländischen allgemein bildenden höheren Schule (zB Gymnasium) oder berufsbildenden mittleren Schule (zB Fachschule für wirtschaftliche Berufe) oder höheren Schule (zB Höhere Technische und Gewerbliche Lehranstalten) oder Akademie verbracht wurden.

Neben den genannten Schulen besteht auch die Möglichkeit der Anrechnung von Schulzeiten an einer **vergleichbaren Schule**. Voraussetzung dafür ist, dass die Schule mit den im Schulorganisationsgesetz geregelten Schultypen vergleichbar ist. Für die Anrechnung ist es **nicht erforderlich, dass die Schule positiv abgeschlossen** wurde. Der Nachweis über den Besuch der Schule ist ausreichend. Schulzeiten werden bis zu einem Höchstausmaß von vier Jahren angerechnet, wobei sich die Anrechnung der Schulzeiten verkürzen kann, wenn andere Vordienstzeiten angerechnet werden.

6.8 Werden auch Zeiten eines Hochschulstudiums angerechnet?

§ 3 Abs 2 Z 3 UrlG

Studienzeiten an einer Universität werden bis zu einer **Höchstdauer von fünf Jahren** angerechnet. Im Gegensatz zu Schulzeiten ist jedoch der Abschluss des Studiums Voraussetzung für die Anrechnung. Es ist jedoch nicht erforderlich, dass der Abschluss des Studiums auch Voraussetzung für das Arbeitsverhältnis ist. Der Gesetzgeber spricht bei der Anrechnungszeit von der „gewöhnlichen Dauer“ des Studiums. Daher ist nicht die Mindeststudiendauer, sondern die **durchschnittliche Studiendauer** für die Anrechnung heranzuziehen. Dabei ist es unerheblich, ob das Studium vor oder während des Arbeitsverhältnisses abgeschlossen wurde. Wird das Studium jedoch erst während des Arbeitsverhältnisses abgeschlossen, erfolgt die Anrechnung verständlicherweise erst nach erfolgreichem Abschluss. Ob das Studium für den Beruf benötigt wird oder von Vorteil ist, ist für eine Anrechnung als Vordienstzeit irrelevant.

6.9 Werden auch Zeiten einer Fachhochschule angerechnet?

Auch wenn Fachhochschulen nicht ausdrücklich im Gesetz erwähnt werden, gelten für Fachhochschulen die gleichen Voraussetzungen wie für ein Hochschulstudium und müssen daher auch mit Erfolg abgeschlossen werden, um die Zeiten des Studiums an einer Fachhochschule anrechnen zu können.

6.10 Gibt es noch weitere Zeiten, die für die Bemessung des Urlaubsausmaßes berücksichtigt werden?

Es werden auch Zeiten, für die ein Anspruch auf eine Haftentschädigung nach dem Opferfürsorgegesetz besteht, angerechnet. Diese Regelung kommt aber de facto nicht mehr zur Anwendung, da jener Personenkreis, der für diese Anrechnung in Frage kommt, meist schon aus dem Erwerbsleben ausgeschieden ist. Aber auch Zeiten der Tätigkeit als Entwicklungshelfer:in werden im Ausmaß von bis zu fünf Jahren angerechnet.

§ 3 Abs 2 Z 6 UrlG

6.11 Werden auch Zeiten einer selbständigen Tätigkeit angerechnet?

Zeiten einer im Inland ausgeübten selbständigen Erwerbstätigkeit werden bis zu einem Höchstausmaß von fünf Jahren angerechnet, wenn sie jeweils mindestens sechs Monate gedauert haben.

6.12 Wie setzt sich das Gesamtausmaß der anrechenbaren Vordienstzeiten zusammen?

Hier ist zu beachten, welche Vordienstzeiten anrechenbar sind und bis zu welchem Höchstausmaß diese angerechnet werden. Beim Zusammentreffen mehrerer anrechenbarer Vordienstzeiten kann es zu unterschiedlichen Höchstanrechnungen kommen.

Zeiten in einem anderen Dienstverhältnis, Zeiten als Entwicklungshelfer:in aber Zeiten einer selbständigen Erwerbstätigkeit sind zusammenzurechnen aber nur bis zu einem **Höchstausmaß von fünf Jahren** anzurechnen. Schulzeiten werden grundsätzlich mit **maximal vier Jahren** angerechnet. Es ist jedoch vorgesehen, dass dann, wenn neben Schulzeiten auch Vordienstzeiten in einem anderen Dienstverhältnis, Zeiten als Entwicklungshelfer:in oder Zeiten einer selbständigen Erwerbstätigkeit anzurechnen sind, das gemeinsame Höchstausmaß dieser Zeiten insgesamt **sieben Jahre** beträgt. Die Anrechnung von Schulzeiten in einer solchen Kombination erfolgt daher nur insoweit, als die Höchstgrenze von sieben Jahren erreicht wird.

6.13 Wie viele Vordienstzeiten werden einem/einer Arbeitnehmer:in angerechnet, der/die eine fünfjährige HTL abgeschlossen hat und acht Jahre ununterbrochen bei einem anderen Arbeitgeber beschäftigt war?

Beispiel:
Vordienstzeiten bei einem anderen Arbeitgeber werden bis zu einem Ausmaß von fünf Jahren angerechnet. Auch wenn der/die Arbeitnehmer:in acht Jahre bei einem anderen Arbeitgeber gearbeitet hat, werden nur höchstens fünf Jahre aus dieser früheren Tätigkeit als Vordienstzeiten angerechnet. Für Schulzeiten, die über die allgemeine Schulpflicht hinausgehen, werden maximal vier Jahre angerechnet. Von der fünfjährigen HTL werden daher auch nur vier Jahre angerechnet. Grundsätzlich käme man nun auf ein Ausmaß von neun Jahren Vordienstzeiten. Es ist jedoch vorgesehen, dass beim Zusammentreffen von Vordienstzeiten aus einem anderen Dienstverhältnis und Schulzeiten diese zusammen im Ausmaß von maximal sieben Jahren angerechnet werden. In diesem Fall werden daher die fünf Jahre Vordienstzeiten aus einem anderen Dienstverhältnis und nur zwei Jahre Schulzeiten angerechnet, damit die Höchstgrenze von sieben Jahren nicht überschritten wird.

6.14 Wie viele Vordienstzeiten werden einem/einer Arbeitnehmer:in angerechnet, der/die eine fünfjährige HTL abgeschlossen hat und zwei Jahre ununterbrochen bei einem anderen Arbeitgeber beschäftigt war?

Beispiel:
Treffen Vordienstzeiten aus einem anderen Arbeitsverhältnis und Schulzeiten zusammen, so werden diese nur bis zu einem Höchstausmaß von sieben Jahren angerechnet. Die zwei Jahre beim früheren Arbeitgeber werden also voll angerechnet. Von der fünfjährigen HTL werden jedoch nur vier Jahre als Schulzeiten angerechnet. Schulzeiten, die über die allgemeine Schulpflicht hinausgehen, werden nämlich nur im Höchstausmaß von vier Jahren angerechnet. Daher werden hier vier Jahre als Schulzeiten und zwei Jahre als Zeiten aus einem anderen Arbeitsverhältnis, also insgesamt sechs Jahre als Vordienstzeiten angerechnet.

§ 3 Abs 3 UrlG

6.15 Wie viele Jahre können maximal als Vordienstzeiten angerechnet werden?

Für Dienstzeiten beim selben Arbeitgeber, die nicht länger als drei Monate unterbrochen waren und das Arbeitsverhältnis nicht durch eine Kündigung des/der Arbeitnehmer:in, durch vorzeitigen Austritt ohne wichtigen Grund oder verschuldete Entlassung beendet wurde, gibt es **keine Obergrenze** für die Anrechnung des Urlaubsausmaßes.

Das Höchstausmaß der anrechenbaren Zeiten beträgt **insgesamt zwölf Jahre**. Es können insgesamt sieben Jahre aus Zeiten einer anderen Erwerbstätigkeit (bzw als Entwicklungshelfer:in oder selbständiger Erwerbstätigkeit) und Schulzeiten angerechnet werden. Hinzu kommen maximal noch fünf Jahre Anrechnungszeiten für ein erfolgreich abgeschlossenes Hochschulstudium.

Denkbar wäre auch, dass Zeiten, für die eine Haftentschädigung nach dem Opferentschädigungsgesetz gewährt wurde, noch unbegrenzt hinzugerechnet werden.

§ 3 Abs 4 UrlG

6.16 Können Zeiten auch doppelt angerechnet werden?

Nein, eine doppelte Anrechnung von Zeiten findet nicht statt. Fallen anrechenbare Zeiten zusammen, so sind sie bei der Berechnung des Urlaubsausmaßes nur einmal zu berücksichtigen.

6.17 Werden auch Zeiten einer Elternkarenz angerechnet?

Ja, für Geburten ab dem 1. August 2019 werden Zeiten einer Elternkarenz zur Gänze angerechnet. Diese Regelung gilt auch für Adoptiv- und Pflegeeltern.

Dies gilt nicht nur für das Urlaubsausmaß, sondern auch für die Berechnung der Kündigungsfrist und die Dauer der Entgeltfortzahlung im Krankheitsfall. Für Geburten vor dem 1. August 2019 wird nur die erste Karenz im Ausmaß von maximal zehn Monaten angerechnet. Viele Kollektivverträge sehen jedoch eine längere Anrechnung vor.

6.18 Gibt es zusätzlichen Urlaub für (begünstigte) Behinderte im Sinne des Behinderteneinstellungsgesetzes (BEinstG)?

Gesetzlich ist in Österreich auch für begünstigte Behinderte **kein zusätzlicher Urlaubsanspruch** vorgesehen. Auch begünstigten Behinderten im Sinne des Behinderteneinstellungsgesetzes (BEinstG) kommt daher – wie im Urlaubsgesetz festgelegt – Urlaub im Ausmaß von grundsätzlich fünf Wochen pro Urlaubsjahr zu. In Kollektivverträgen ist mitunter aber ein höheres Urlaubsausmaß für begünstigte Behinderte in Form zusätzlicher Urlaubstage vorgesehen.

Verbrauch des Urlaubs

Kapitel 7

7.1 Wie wird der Zeitpunkt des Urlaubsverbrauchs festgelegt?

§ 4 Abs 1 UrlG

Grundsätzlich braucht es zur Festlegung des Urlaubszeitpunktes eine **Vereinbarung** zwischen Arbeitgeber und Arbeitnehmer:in. Beide Vertragsparteien müssen sich also einig werden, wann der entstandene Urlaub verbraucht werden soll. Eine einseitige Festlegung durch den Arbeitgeber ist nicht möglich.

7.2 Kann der Arbeitgeber den Zeitpunkt des Urlaubs einseitig festlegen und den/die Arbeitnehmer:in „auf Urlaub schicken"?

Eine einseitige Anordnung des Arbeitgebers, Urlaub zu verbrauchen, ist nicht möglich. Urlaub muss grundsätzlich immer zwischen den Arbeitsvertragsparteien vereinbart werden. Selbstverständlich muss der Urlaubswunsch nicht immer vom/von der Arbeitnehmer:in ausgehen, auch der Arbeitgeber kann an den/die Arbeitnehmer:in mit dem Vorschlag, zu einem bestimmten Zeitpunkt Urlaub zu verbrauchen, herantreten. Der/die Arbeitnehmer:in muss diesem Vorschlag aber nicht folgen.

7

7.3 Wann soll der Urlaub verbraucht werden?

§ 4 Abs 1 UrlG

Das Urlaubsgesetz sieht vor, dass entstandener Urlaub **möglichst bis zum Ende jenes Urlaubsjahres, in dem der Urlaub entstanden ist**, auch verbraucht werden soll. Über den genauen Zeitpunkt des Urlaubsverbrauchs müssen sich die Arbeitsvertragsparteien allerdings in einer Urlaubsvereinbarung einigen. Ist ein Verbrauch im laufenden Urlaubsjahr nicht möglich, so kann der entstandene Urlaub auch in das nächstfolgende Urlaubsjahr übertragen werden.

7.4 Kann der Arbeitgeber den Verbrauch von Urlaub vor Ende des Arbeitsverhältnisses anordnen?

Auch während laufender Kündigungsfrist und vor Ende des Arbeitsverhältnisses ist für den Verbrauch von Urlaub eine Vereinbarung zwischen Arbeitgeber und Arbeitnehmer:in nötig, eine einseitige Anordnung von Urlaub durch den Arbeitgeber kommt also auch in diesem Fall nicht in Frage.

Sollte keine Urlaubsvereinbarung zustande kommen, so ist für die offenen Urlaubsansprüche die sogenannte Urlaubsersatzleistung auszuzahlen. Jedenfalls ist es also sinnvoll, während der Kündigungsfrist bzw bei absehbarem Ende des Arbeitsverhältnisses eine Vereinbarung darüber zu treffen, wie mit dem noch nicht verbrauchten Urlaub umzugehen ist, ob dieser also in natura verbraucht wird oder ob die Urlaubsersatzleistung ausgezahlt wird.

7.5 Muss der Verbrauch des entstandenen Urlaubs immer möglich sein?

Der Arbeitgeber hat dafür Sorge zu tragen, dass der den Arbeitnehmer:innen zustehende Urlaub bis zum Ende jenes Arbeitsjahres, in dem er entstanden ist, auch verbraucht werden kann. Das ergibt sich nicht nur aus dem Urlaubsgesetz, sondern bereits aus der **Fürsorgepflicht des Arbeitgebers**. Der Arbeitgeber darf also nicht unter Verweis auf betriebliche Notwendigkeiten den Verbrauch von Urlaub durch den/die Arbeitnehmer:in einseitig verhindern, sodass am Ende des Arbeitsjahres noch Urlaubsansprüche bestehen bleiben.

7.6 Muss die Urlaubsvereinbarung in einer bestimmten Form getroffen werden?

Eine bestimmte Form ist für die Urlaubsvereinbarung **gesetzlich nicht vorgeschrieben**. Sie muss daher nicht etwa schriftlich erfolgten, Arbeitgeber und Arbeitnehmer:in können sich auch mündlich auf einen bestimmten Zeitpunkt des Urlaubsverbrauches verständigen, die Urlaubsvereinbarung kann sogar durch eine **schlüssige Handlung** zustande kommen. Bloßes Schweigen alleine gilt jedoch grundsätzlich nicht als Annahme: Es braucht neben der tatsächlichen Annahmehandlung (also der tatsächliche Antritt des Urlaubs) auch einen wirklichen Annahmewillen. Nötig ist also übereinstimmende Willenserklärungen der Arbeitsvertragsparteien, die in irgendeiner Weise zum Ausdruck kommen müssen. Aus Beweisgründen ist es jedenfalls sinnvoll, Urlaubsvereinbarungen schriftlich zu treffen. Gibt es jedoch betriebliche Regelungen (zB Betriebsvereinbarung), wie Urlaub zu beantragen ist (zB Urlaubslisten), so sind diese zu beachten.

Beispiel:
Im Unternehmen X ist es üblich, dass die Arbeitnehmer:innen ihre Urlaubswünsche in eine Excel-Tabelle eintragen. Jeweils am Ende des Monats markiert eine Führungskraft jene Urlaubszeiträume, mit denen das Unternehmen einverstanden ist, grün. Ein solches Vorgehen ist zulässig und eine Urlaubsvereinbarung für die grün markierten Zeiträume ist wirksam zustande gekommen. Durch das Markieren der Felder gibt der Arbeitgeber zu erkennen, dass er mit den Urlaubswünschen der Arbeitnehmer:innen einverstanden ist.

Im Unternehmen Y ist es üblich, dass die Arbeitnehmer:innen ihre Urlaube mündlich mit den den jeweiligen Vorgesetzten vereinbaren, eine schriftliche Vereinbarung wird nicht getroffen. Auch das ist zulässig, da für die Urlaubsvereinbarung keine bestimmte Form vorgeschrieben ist. Eine schriftliche Vereinbarung ist jedoch aus Beweisgründen sinnvoll.

7.7 Muss der Arbeitgeber reagieren, wenn der/die Arbeitnehmer:in einen Urlaubswunsch bekannt gibt?

Die Urlaubsvereinbarung muss nicht in einer bestimmten Form erfolgen, um gültig zu sein. Daher sind auch mündlich getroffene oder sogar konkludente (stillschweigende) Urlaubsvereinbarungen möglich. Derartige Fälle, in denen unklar ist, ob eine Urlaubsvereinbarung wirksam zustande gekommen ist, sind nach den Grundsätzen des Zivilrechts über das Zustandekommen von Verträgen zu lösen. Äußert der/die Arbeitnehmer:in einen Urlaubswunsch und reagiert der Arbeitgeber darauf nicht, so ist die Urlaubsvereinbarung in der Regel wirksam zustande gekommen, weil der Arbeitgeber seine Ablehnung nach der Verkehrssitte hätte äußern müssen. Umgekehrt gilt bloßes Schweigen des/der Arbeitnehmer:in auf das Urlaubsangebot des Arbeitgebers nicht als Annahme.

Beispiel:
Im Unternehmen Z tragen die Arbeitnehmer:innen ihre Urlaubswünsche in ausgedruckte Listen ein, die auf dem schwarzen Brett ausgehängt werden. Die Vorgesetzten begutachten regelmäßig die Urlaubslisten und, sollte ein Urlaubswunsch einmal nicht im Einklang mit den Interessen des Unternehmens stehen, kommen auf die Arbeitnehmer:innen zu, um diese um neue Urlaubswünsche zu einem anderen Zeitpunkt zu bitten. Passiert das nicht, gelten die Urlaube als genehmigt. Auch ein solches Vorgehen ist zulässig, da Urlaubsvereinbarungen auch konkludent zustande kommen können. Wird also gegen den bekanntgegebenen Urlaubswunsch eines/einer Arbeitnehmer:in kein Widerspruch erhoben, so gilt der Urlaub als vereinbart. Jedoch ist es aus Beweisgründen jedenfalls sinnvoll, Urlaubsvereinbarungen schriftlich zu treffen. Ist ein/eine Arbeitnehmer:in unsicher, ob eine Urlaubsvereinbarung zustande gekommen ist, sollte jedenfalls beim Arbeitgeber nachgefragt werden.

7.8 Wie ist vorzugehen, wenn der Arbeitgeber auf den bekannt gegebenen Urlaubswunsch des/der Arbeitnehmer:in nicht reagiert?

Ein in der Praxis häufiges Problem ist, dass Arbeitgeber die Beschäftigten oft lange im Unklaren darüber lassen, ob dem Urlaubswunsch des/der Arbeitnehmer:in entsprochen wird und eine Urlaubsvereinbarung zustande kommt. Reagiert der Arbeitgeber über einen längeren Zeitraum gar nicht, so ist zu prüfen, ob die Urlaubsvereinbarung durch das Schweigen des Arbeitgebers auf schlüssige Weise (der Urlaubswunsch wird zur Kenntnis genommen und es wird ihm nicht widersprochen) wirksam zustande gekommen ist, weil der Arbeitgeber auf den Urlaubswunsch des/der Arbeitnehmer:in – gegebenenfalls auch durch Ablehnung – hätte reagieren müssen. Unter bestimmten Voraussetzungen kann der/die Arbeitnehmer:in den Urlaub auch einseitig antreten. Um sicher zu gehen, sollte jedoch beim Arbeitgeber nachgefragt werden, ob der geplante Urlaub angetreten werden kann.

7

§ 4 Abs 1 UrlG

7.9 Welche Rolle spielen bei der Vereinbarung von Urlaub die jeweiligen Interessen von Arbeitnehmer:in und Arbeitgeber?

Das Gesetz sieht eine Art **Interessenabwägung** im Rahmen der Urlaubsvereinbarung vor: Einerseits ist auf die „Erfordernisse des Betriebes", andererseits auf die „Erholungsmöglichkeiten des Arbeitnehmers" Rücksicht zu nehmen. Allerdings muss der Arbeitgeber schon aufgrund der Fürsorgepflicht auf die Interessen des/der Arbeitnehmer:innen nach Erholung und Gesundheitsschutz Bedacht nehmen und der Arbeitgeber ist bei der Vereinbarung von Urlaub auch nicht völlig frei. Wenn die Interessenabwägung zugunsten des/der Arbeitnehmer:in ausfällt und nicht wesentliche betriebliche Erfordernisse entgegenstehen, **muss** der Arbeitgeber dem Urlaubswunsch des/der Arbeitnehmer:in zu einem bestimmten Zeitpunkt sogar zustimmen!

7.10 Hat der/die Arbeitnehmer:in das Recht, Urlaub zu einer bestimmten Jahreszeit, zB im Sommer, zu konsumieren?

Es gibt grundsätzlich kein Recht des/der Arbeitnehmer:in, zu einem bestimmten Zeitpunkt im Jahr, also etwa im Sommer oder zwischen Weihnachten und Silvester, auf Urlaub gehen zu können. Es braucht also grundsätzlich immer eine Vereinbarung zwischen Arbeitnehmer:in und Arbeitgeber über den Zeitpunkt des Urlaubsverbrauchs, wobei auf die wechselseitigen Interessen Bedacht zu nehmen ist.

Möchte zB der/die Arbeitnehmer:in einen Teil des Urlaubs im Sommer konsumieren, weil er/sie ein schulpflichtiges Kind hat, muss der Arbeitgeber darauf grundsätzlich Rücksicht nehmen und der Urlaubsvereinbarung zustimmen, soweit nicht wesentliche betriebliche Erfordernisse entgegenstehen.

7.11 Was, wenn sich der/die Arbeitnehmer:in weigert, Urlaub zu verbrauchen, obwohl der Arbeitgeber wiederholt zum Urlaubsverbrauch auffordert?

Der Arbeitgeber hat keine Möglichkeit, den/die Arbeitnehmer:in zum Konsum von Urlaub zu zwingen. Es gibt also auf Arbeitgeberseite **kein Äquivalent zum einseitigen Urlaubsantrittsrecht** des/der Arbeitnehmer:in (Dazu siehe Frage 7.25, Seite 64). Die „Sanktion" der Verweigerung des/der Arbeitnehmer:in zum Urlaubsverbrauch liegt in der gesetzlich festgelegten Verjährungsfrist von (grundsätzlich) zwei Jahren. Wird der Urlaub also nicht rechtzeitig verbraucht, so hat der/die Arbeitnehmer:in auch keine Möglichkeit mehr, entstandenen Urlaub gerichtlich geltend zu machen.

7.12 Wie ist der Jahresurlaub beim Verbrauch aufzuteilen?

§ 4 Abs 3 UrlG

Grundsätzlich sieht das Urlaubsgesetz vor, dass der Jahresurlaub **in zwei Teilen** verbraucht werden kann, wobei ein Teil mindestens sechs Werktage (oder fünf Arbeitstage, da die Bemessung des Urlaubs bei einer Fünf-Tage-Woche in Arbeitstagen üblich ist) betragen muss. Das Gesetz hat also nur die **einmalige Teilung** des Jahresurlaubs vor Augen, wobei ein Teil zumindest eine Woche betragen sollte. Damit soll insbesondere der Erholungszweck des Urlaubs verwirklicht werden, da davon ausgegangen werden kann, dass bei in kleine Teile aufgesplitteten Urlaubszeiträumen keine besonders umfangreiche Erholungswirkung eintritt. Das Urlaubsgesetz räumt den Arbeitnehmer:innen also ein dahingehendes Recht ein, dass der Urlaub in Zeiträumen von zumindest einer Arbeitswoche verbraucht wird.

§§ 4 UrlG, 1155 ABGB

7.13 Kann der Urlaub auch in mehreren Teilen verbraucht werden?

Auf Wunsch des/der Arbeitnehmer:in ist eine Teilung des Jahresurlaubs auch in mehr als zwei Teile möglich und in der Praxis durchaus üblich. Die im Urlaubsgesetz vorgesehene Regel will vor allem Arbeitnehmer:innen davor schützen, dass Arbeitgeber die Arbeitnehmer:innen zum Verbrauch von Urlaub in sehr kurzen Zeiträumen oder einzelnen Tagen drängen. Bei einer Teilung des Jahresurlaubs in mehr als zwei Teile ist also darauf zu achten, ob die mehrfache Teilung dem **Wunsch des/der Arbeitnehmer:in** entspricht bzw vom/von der Arbeitnehmer:in die Initiative zur mehrfachen Teilung ausgegangen ist. Eine mehrfache Teilung des Urlaubs, die dem Wunsch des/der Arbeitnehmer:in entspricht, widerspricht also dem Urlaubsgesetz, jedoch wird der Urlaubsverbrauch auf das gesetzliche Urlaubsausmaß angerechnet.

7.14 Was gilt, wenn eine mehrfache Teilung des Urlaubs auf Druck des Arbeitgebers erfolgt?

Kommt die mehrfache Teilung des Jahresurlaubs nur auf Druck des Arbeitgebers zustande und entspricht sie gar nicht dem Wunsch des/der Arbeitnehmer:in, ist die entsprechende Urlaubsvereinbarung (relativ) nichtig. Wird in derartigen (meist kurzen) Urlaubszeiträumen dann auch tatsächlich nicht gearbeitet, muss der Arbeitgeber zwar das Entgelt fortzahlen, es dürfen jedoch **keine Tage vom Urlaubskontingent des/der Arbeitnehmer:in abgezogen** werden.

7.15 Kann der Urlaub auch in einzelnen Tagen verbraucht werden?

Was den Verbrauch von Urlaub in einzelnen Tagen betrifft, gilt ebenso, dass eine solche Vereinbarung nur gültig ist, wenn sie dem Wunsch des/der Arbeitnehmer:in entspricht – ansonsten ist die Urlaubsvereinbarung (relativ) nichtig. Wird an einzelnen Urlaubstagen infolge einer Vereinbarung, die entgegen dem Wunsch des/der Arbeitnehmer:in zustande gekommen ist, tatsächlich nicht gearbeitet, muss der Arbeitgeber das Entgelt fortzahlen, darf den Tag jedoch nicht vom Urlaubskontingent des/der Arbeitnehmer:in abziehen. Wünscht der/die Arbeitnehmer:in den Verbrauch eines einzelnen Urlaubstages – weil etwa in Verbindung des Urlaubstages mit einem Wochenende oder einem Feiertag ausreichende Erholung erwartet wird – so widerspricht die Urlaubsvereinbarung zwar den Vorgaben des Urlaubsgesetzes, der Urlaubsverbrauch wird jedoch auf das Urlaubskontingent des/der Arbeitnehmer:in angerechnet.

7.16 Wie erfolgt die Ermittlung der Werktage, wenn der Urlaub in einzelnen Arbeitstagen verbraucht wird?

Das Urlaubsgesetz geht bei der Bestimmung des Urlaubsausmaßes grundsätzlich von Werktagen (und einer 6-Tage-Woche) aus. Wird, wie weithin üblich, im Rahmen einer Fünf-Tage-Woche gearbeitet, und der Urlaubsverbrauch von fünf Arbeitstagen (also einer Arbeitswoche) vereinbart, so wird zu jeder Arbeitswoche ein **zusätzlicher sechster Tag** vom Urlaubskontingent abgezogen.

7.17 Wie ist vorzugehen, wenn bei Werktagsberechnung eine ganze Kalenderwoche Urlaub vereinbart wird, auf den Mittwoch jedoch ein Feiertag fällt?

Wird eine gesamte Woche als Urlaub vereinbart und fällt ein Feiertag auf den Mittwoch, so ist dieser bereits als Feiertag arbeitsfrei. Es wird den Arbeitnehmer:innen also für den Mittwoch **kein Urlaubstag** vom Urlaubskontingent abgezogen.

7.18 Kann der Urlaub auch in halben Tagen oder stundenweise verbraucht werden?

Ob ein Urlaubsverbrauch in Halbtagen oder gar Stunden zulässig ist, ist in der juristischen Literatur äußerst umstritten. Klar ist zunächst, dass ein stundenweiser Verbrauch von Urlaubsansprüchen den Bestimmungen des Urlaubsgesetzes **widerspricht**. Während in der Literatur teilweise – analog zur mehrfachen Urlaubsteilung – vertreten wird, dass der Verbrauch von Urlaub in Stunden zulässig sei, soweit er im Interesse des/der Arbeitnehmer:in erfolge, lehnen andere Stimmen den Urlaubsverbrauch in einzelnen Stunden, vor dem Hintergrund der gesundheitspolitischen Motive des Urlaubsgesetzes, gänzlich ab oder erachten den stundenweisen Verbrauch nur in sehr eingeschränkter Form als zulässig.

Tatsächlich ist äußerst fraglich, wie der Erholungszweck des Urlaubs bei stundenweisem Verbrauch verwirklicht werden soll, zumal auch eine Berechnung des Urlaubsanspruches in Arbeitsstunden im Urlaubsgesetz nicht vorgesehen ist und von der Rechtsprechung, die vom sogenannten „kalendarischen Urlaubsbegriff" (der Urlaub bemisst sich nicht in Arbeitsstunden, sondern in zusammenhängenden Zeiträumen) ausgeht, abgelehnt wird. Im Hinblick auf die Erholungsfunktion des Urlaubs und um Arbeitnehmer:innen vor übermäßigem Druck des Arbeitgebers, den Urlaub in möglichst kurzen Zeiträumen zu verbrauchen, zu schützen, erscheint ein Urlaubsverbrauch in Form von halben Tagen oder gar einzelnen Arbeitsstunden jedenfalls kritisch, kaum mit dem Urlaubsrecht in Einklang zu bringen und vor diesem Hintergrund nur ein **Verbrauch in Form (zumindest) ganzer Tage** möglich.

7.19 Kann der Verbrauch von Urlaub in Stunden in einer Betriebsvereinbarung vorgesehen werden?

Gemäß **§ 97 Abs 1 Z 10 ArbVG** können in Betriebsvereinbarungen nur Grundsätze des Urlaubsverbrauchs geregelt werden, nicht der konkrete Urlaubsverbrauch selbst. Die Betriebsvereinbarungsparteien dürfen also nur allgemeine Richtlinien festlegen, etwa die Modalitäten der Beantragung von Urlaub oder zB ein Vorrang von Eltern mit schulpflichtigen Kindern bei der Urlaubsvereinbarung. Eine Festlegung dahingehend, dass der Urlaub in einzelnen Stunden verbraucht werden kann, kommt daher nicht in Betracht, entsprechende Vereinbarungen sind als unwirksam anzusehen.

7.20 Wann gilt die im Urlaubsgesetz vorgesehene Teilung des Urlaubs in zwei Teilen jedenfalls nicht?

Die im Gesetz vorgesehene Teilung des Urlaubs in zwei Teile kann jedenfalls dann nicht zur Anwendung kommen, wenn (in den ersten sechs Monaten des Dienstverhältnisses) erst ein aliquoter Teil des Jahresurlaubs zusteht und noch nicht der gesamte Urlaubsanspruch entstanden ist.

Weiters kommt die Teilungsregel des Urlaubsgesetzes auch dann nicht zur Anwendung, wenn der Urlaub aufgrund von Krankheit unterbrochen wurde und anschließend der verbleibende Teil verbraucht wird. Auch im Hinblick auf den persönlichen Feiertag, der eben nur einen einzelnen Urlaubstag umfasst, ist die Teilungsregel des Urlaubsgesetzes nicht anzuwenden.

7.21 Was sind Zeitguthaben und in welchem Verhältnis stehen sie zum Urlaub?

Zeitguthaben können vor allem infolge der Anwendung der Gleitzeit im Betrieb entstehen, ebenso können sie sich aus kollektivvertraglichen Freizeitoptionen, bei denen ein Teil der kollektivvertraglichen Lohn- oder Gehaltserhöhung in Freizeit „umgerechnet" wird, ergeben. Ob der Verbrauch aufgelaufener Zeitguthaben auch ganztägig möglich ist, ist grundsätzlich Vereinbarungssache zwischen Arbeitgeber und Arbeitnehmer:in.

Regelungen darüber werden häufig auch in Gleitzeit-Betriebsvereinbarungen getroffen. Der ganztägige Verbrauch von Zeitguthaben kann – zusätzlich zum Urlaub – dafür eingesetzt werden, längere zusammenhängende Freizeit-Zeiträume zu schaffen.

7.22 Muss zuerst Urlaub oder bestehendes Zeitguthaben verbraucht werden?

Haben Arbeitnehmer:innen neben bestehenden Urlaubsansprüchen auch noch Zeitguthaben, zB aus der Gleitzeit oder einer kollektivvertraglichen Freizeitoption, zur Verfügung, so stellt sich die Frage, ob zuerst der Urlaub oder das Zeitguthaben konsumiert werden muss. Grundsätzlich sind jedoch **beide „Guthaben" getrennt zu betrachten,** gesetzlich wird also keine „Reihung" dahingehend vorgenommen, dass entweder Zeitguthaben oder Urlaubsansprüche zuerst zu verbrauchen sind. Auch ein bestehendes Zeitguthaben (sogar in größerem Ausmaß) ändert nichts an der Möglichkeit des/der Arbeitnehmer:in, Urlaub zu verbrauchen. Die Voraussetzung dafür ist jedoch eine Urlaubsvereinbarung mit dem Arbeitgeber. Vor diesem Hintergrund kann der Arbeitgeber den/die Arbeitnehmer:in ersuchen, aufgelaufenes Zeitguthaben abzubauen, bevor eine Urlaubsvereinbarung geschlossen wird. Will der/die Arbeitnehmer:in Urlaub konsumieren, der Arbeitgeber ist jedoch nicht zum Abschluss einer Urlaubsvereinbarung bereit, so steht unter bestimmten Voraussetzungen die Möglichkeit des einseitigen Urlaubsantritts zur Verfügung.

7.23 Hängt der Urlaubsanspruch davon ab, ob der/die Arbeitnehmer:in ihn geltend macht?

Nein, der/die Arbeitnehmer:in hat gesetzlich Anspruch auf ein bestimmtes Ausmaß an Urlaub (fünf oder sechs Wochen pro Arbeitsjahr). Der Anspruch entsteht also unmittelbar aus dem Gesetz und unabhängig davon, ob ein/eine Arbeitnehmer:in diesen Anspruch geltend macht oder beim Arbeitgeber einfordert.

§ 4 Abs 1 UrlG

7.24 Kann der Arbeitgeber den Verbrauch von Urlaub anordnen, wenn ihm im Arbeitsvertrag ein einseitiges Gestaltungsrecht eingeräumt wurde?

Der Urlaub ist stets zwischen Arbeitnehmer:in und Arbeitgeber zu vereinbaren. Die Vereinbarung eines (wirksamen) einseitigen Gestaltungsrechts im Arbeitsvertrag über die zeitliche Lage oder die Dauer des Urlaubs ist daher **ausgeschlossen**. Allerdings kann der Arbeitgeber bekannt geben, unter welchen Voraussetzungen er bereit ist, in der Zukunft eine Urlaubsvereinbarung zu schließen, also den Urlaubswünschen des/der Arbeitnehmer:in zu folgen.

§ 4 Abs 3 UrlG

7.25 Kann der/die Arbeitnehmer:in den Urlaub unter bestimmten Umständen einseitig antreten?

Grundsätzlich hat der Arbeitgeber schon aufgrund seiner Fürsorgepflicht dafür zu sorgen, dass der/die Arbeitnehmer:in den ihm/ihr zustehenden Urlaub im laufenden Urlaubsjahr tatsächlich verbrauchen kann.

Kommt eine Einigung mit dem Arbeitgeber über den Urlaubstermin jedoch nicht zustande, so besteht **unter bestimmten Voraussetzungen** die Möglichkeit eines einseitigen Urlaubsantritts durch den/die Arbeitnehmer:in: Der/die Arbeitnehmer:in muss in einem Betrieb beschäftigt sein, in dem ein (zuständiger) **Betriebsrat** errichtet ist und den Antritt seines/ihres Urlaubs oder eines Urlaubsteiles in der Dauer **von mindestens zwölf Werktagen** dem Arbeitgeber **mindestens drei Monate** vorher bekanntgegeben haben. Es muss sich also um den gesamten Urlaub oder zumindest um einen größeren Urlaubsteil handeln und der gewünschte Urlaubszeitpunkt muss frühzeitig bekannt gegeben worden sein. Können sich Arbeitnehmer:in und Arbeitgeber auf einen Urlaubstermin nicht einigen, so sind die Verhandlungen dann unter **Beiziehung des Betriebsrates** fortzusetzen. Kommt auch dann keine Einigung zustande, so kann der/die Arbeitnehmer:in den Urlaub zu dem von ihm/ihr vorgeschlagenen Zeitpunkt antreten. Dagegen kann jedoch noch vom Arbeitgeber Klage vor dem Arbeits- und Sozialgericht eingebracht werden, wobei der Zeitpunkt der Klagseinbringung nicht mehr als acht und nicht weniger als sechs Wochen vor dem vom Arbeitnehmer vorgeschlagenen Zeitpunkt des Urlaubsantrittes liegen darf. In der Folge entscheidet dann das Gericht über den Zeitpunkt des Urlaubsantritts.

Daneben besteht für Arbeitnehmer:innen weiters die Möglichkeit, einen Urlaubstag als „persönlichen Feiertag" unter Beachtung einer dreimonatigen Frist einseitig festzulegen (siehe 7.35 Was versteht man unter einem „persönlichen Feiertag"?, Seite 68).

7.26 Wie kann sonst noch vorgegangen werden, wenn sich Arbeitnehmer:in und Arbeitgeber nicht auf einen Urlaubszeitraum einigen können?

Kommt eine Einigung mit dem Arbeitgeber über den Urlaubstermin nicht zustande, so besteht (als ultima ratio) die Möglichkeit, vor dem Arbeits- und Sozialgericht **Klage gegen den Arbeitgeber zur Festsetzung des Urlaubszeitpunktes** einzubringen.

In der Praxis wird von dieser Möglichkeit jedoch kaum Gebrauch gemacht, da viele Arbeitnehmer:innen gerichtliche Auseinandersetzungen mit dem Arbeitgeber während des aufrechten Arbeitsverhältnisses scheuen. Die Möglichkeit der Einbringung einer Klage ist vor allem dann relevant, wenn eine der Voraussetzungen des einseitigen Urlaubsantritts nicht vorliegt. Dies kann zB dann der Fall sein, wenn im Betrieb, in dem der/die Arbeitnehmer:in beschäftigt ist, kein Betriebsrat errichtet ist – dies gilt auch dann, wenn im Unternehmen gar kein Betriebsrat errichtet werden kann, weil weniger als fünf Arbeitnehmer:innen dauernd beschäftigt sind. In diesem Fall besteht also nur die Möglichkeit der Klage vor dem Arbeits- und Sozialgericht, eine Möglichkeit des einseitigen Urlaubsantritts besteht nicht.

7.27 Darf der/die Arbeitnehmer:in zusätzliche Tage an den vereinbarten Urlaub anschließen, wenn in den Urlaubszeitraum Krankenstands- oder Feiertage fallen?

Dass der/die Arbeitnehmer:in von sich aus den Urlaub „verlängert“, weil Feiertage in den vereinbarten Urlaubszeitraum fallen oder der/die Arbeitnehmer:in während des Urlaubs erkrankt ist, ist nicht möglich. Will der/die Arbeitnehmer:in an einem weiteren Tag Urlaub machen, so muss dies gesondert mit dem Arbeitgeber vereinbart werden.

7.28 Gibt es auch Zeiträume, für die kein Urlaub vereinbart werden kann?

Immer dann, wenn es sich um Zeiten der Arbeitsverhinderung mit Entgeltfortzahlungsanspruch handelt, kann Urlaub nicht wirksam vereinbart werden – etwa während des Krankenstandes oder der Pflegefreistellung. Dann kommt es bereits zu einer Freistellung des/der Arbeitnehmer:in von der Arbeit, während der Arbeitgeber das Entgelt dennoch zu leisten hat.

7.29 Muss der/die Arbeitnehmer:in während des Urlaubs für den Arbeitgeber oder für Kolleg:innen erreichbar sein?

Der Urlaub soll der Erholung dienen, daher müssen Arbeitnehmer:innen während ihres Urlaubs auch nicht für den Arbeitgeber erreichbar sein. Sie müssen also nicht das Telefon abheben, müssen keine E-Mails lesen (oder gar beantworten) und dem Arbeitgeber nicht einmal ihren Aufenthaltsort bekannt geben. Eine Kontaktaufnahme ist **lediglich in Notfällen denkbar** – wenn der/die Arbeitnehmer:in etwa als einzige Person ein dringend benötigtes Passwort kennt. Muss in derartigen Fällen während des Urlaubs gearbeitet werden, indem etwa mit dem/der Vorgesetzten telefoniert wird, so handelt es sich dabei um Arbeitszeit.

7.30 Was, wenn am Ende des Arbeitsjahres noch Urlaubstage übrig sind?

Grundsätzlich ist der Urlaub in jenem Jahr zu verbrauchen, in dem der Urlaubsanspruch entstanden ist. Besteht jedoch (ausnahmsweise) keine Möglichkeit zum Verbrauch im Jahr des Entstehens, kann der Urlaub auch später, also in nachfolgenden Urlaubsjahren, verbraucht werden. Sind am Ende des Jahres noch Urlaubsansprüche übrig, werden diese also **in das nächste Jahr übertragen**. Dabei ist jedoch darauf zu achten, dass der Urlaub nicht bereits verjährt ist. Wird Urlaub vereinbart, so wird stets der älteste Anspruch zuerst verbraucht.

7.31 Kann auch Urlaub verbraucht werden, der noch nicht entstanden ist?

Grundsätzlich können Vereinbarungen über den Verbrauch von noch nicht entstandenem Urlaub getroffen werden. Dies wird als **„Urlaubsvorgriff"** bezeichnet. Es wird dabei Urlaub gewährt, der erst im nächsten Urlaubsjahr oder später im selben Jahr (wenn zu Beginn des Arbeitsverhältnisses erst ein aliquoter Teil des Jahresurlaubs zusteht) entsteht.

Gesetzlich geregelt ist die Möglichkeit des Urlaubsvorgriffs nicht – ein Urlaubsvorgriff ist dennoch zulässig. Gewährt der Arbeitgeber mehr Urlaub, als einem/einer Arbeitnehmer:in in einem Urlaubsjahr zusteht, ohne dass eine Vereinbarung über einen Vorgriff getroffen wurde, so kann im nächsten Urlaubsjahr keine Anrechnung stattfinden. Der Urlaub im Folgejahr steht somit (erneut) in voller Höhe zu.

7.32 Kann von einer einmal getroffenen Urlaubsvereinbarung auch wieder abgegangen werden?

An eine einmal getroffene Urlaubsvereinbarung sind beide Vertragsparteien, also sowohl Arbeitnehmer:in, als auch Arbeitgeber, gebunden. Ein Abgehen von der getroffenen Vereinbarung ist daher grundsätzlich **nur durch ein Einvernehmen** der Vertragsparteien möglich. Der Arbeitgeber kann also nicht einfach den Urlaub des/der Mitarbeiter:in „absagen" oder frühzeitig beenden. Umgekehrt können Arbeitnehmer:innen ebenfalls nicht ohne Absprache auf ihren Urlaub verzichten oder früher als geplant wieder zur Arbeit erscheinen.

Treten nach Treffen einer Urlaubsvereinbarung Verhinderungsgründe ein, so erlauben die allgemeinen Grundsätze des Vertragsrechts das einseitige Abgehen von der Urlaubsvereinbarung **aus wichtigen Gründen**, wenn das Festhalten an der Vereinbarung – für Arbeitnehmer:innen im Hinblick auf den dann nicht mehr verwirklichbaren Erholungszweck des Urlaubs – unzumutbar ist. Ob ein wichtiger Grund vorliegt, der zum Abgehen von der Urlaubsvereinbarung berechtigt, ist im Einzelfall – anhand einer Interessenabwägung – zu prüfen. Arbeitgeber müssen besonders wichtige, nicht vorhersehbare betriebliche Gründe vorlegen, welche die Anwesenheit des/der (konkreten) Arbeitnehmer:in im Betrieb notwendig machen und das Interesse des/der Arbeitnehmer:in am Urlaubskonsum überwiegen („Betriebsnotstand"). Befindet sich der/die Arbeitnehmer:in bereits im Urlaub, so ist ein Rücktritt aus wichtigem Grund (und eine Beendigung des Urlaubs) zwar ebenfalls möglich, jedoch ist ein besonders strenger Maßstab bei der Prüfung anzulegen.

7.33 Ist ein Rücktritt von der Urlaubsvereinbarung durch den Arbeitgeber möglich, wenn der/die Arbeitnehmer:in kündigt?

Wird zunächst eine Urlaubsvereinbarung getroffen und spricht der/die Arbeitnehmer:in anschließend die Kündigung des Arbeitsverhältnisses aus, so bildet dieser Umstand alleine noch keinen wichtigen Grund, der den Arbeitgeber zum Rücktritt von der Urlaubsvereinbarung berechtigt. Soll von der Vereinbarung zurückgetreten werden, braucht es jedenfalls die **unbedingte Notwendigkeit der Anwesenheit** des/der Arbeitnehmer:in während des vereinbarten Urlaubszeitraums, ansonsten liegt kein wichtiger Grund zum Rücktritt vor.

7.34 Wer trägt allfällige Kosten, wenn der Arbeitgeber von einer bereits getroffenen Urlaubsvereinbarung wieder zurücktritt?

Wenn die Arbeitsvertragsparteien bereits eine Urlaubsvereinbarung getroffen haben, der Arbeitgeber anschließend von der Vereinbarung jedoch wieder zurücktritt, kann es dazu kommen, dass dem/der Arbeitnehmer:in Kosten entstehen, weil etwa eine geplante Reise storniert werden muss. Diese Kosten sind **vom Arbeitgeber zu tragen**, da er ja auch von der Urlaubsvereinbarung zurückgetreten und dafür verantwortlich ist, dass der/die Arbeitnehmer:in nicht auf Urlaub gehen und die geplante Reise nicht antreten kann.

§ 7a ARG

7.35 Was versteht man unter einem „persönlichen Feiertag"?

Bis vor wenigen Jahren existierte in Österreich mit dem Karfreitag ein Feiertag ausschließlich für die Angehörigen der evangelisch-christlichen Religionsgemeinschaft – Augsburgisches Bekenntnis (AB) und Helvetisches Bekenntnis (HB) – der evangelisch-methodistischen sowie der altkatholischen Kirche. Für Angehörige der israelitischen Glaubensgemeinschaft war Jom Kippur ein Feiertag. Alle anderen Arbeitnehmer:innen, die nicht diesen Konfessionen angehörten, mussten an den besagten Tagen zur Arbeit erscheinen.

Infolge einer EuGH-Entscheidung, wonach eine derartige Regelung eine unmittelbare Diskriminierung aufgrund der Religion darstelle, wurde von der damals regierenden ÖVP-FPÖ-Koalition als eine Art Ausgleich der sogenannte „persönliche Feiertag" geschaffen. Dabei handelt es sich um einen Urlaubstag im Rahmen des üblichen Urlaubsausmaßes von fünf oder sechs Wochen (oder darüber hinaus um einen „zusätzlichen" Urlaubstag auf der Grundlage eines Kollektivvertrages oder einer einzelvertraglichen Regelung), dessen Lage nicht vereinbart, sondern dem Arbeitgeber lediglich rechtzeitig gemeldet werden muss. Arbeitnehmer:innen müssen dem Arbeitgeber also schriftlich mindestens drei Monate im Vorhinein das Datum des gewählten „persönlichen Feiertages" mitteilen. Der Grund für die Wahl des konkreten Datums muss nicht bekannt gegeben werden und muss auch nicht religiös motiviert sein, so kann für den persönlichen Feiertag etwa auch der Geburtstag des/der Partner:in gewählt werden.

Beim persönlichen Feiertag handelt es sich also um nichts anderes als um einen Urlaubstag, der jedoch nicht mit dem Arbeitgeber vereinbart werden muss, sondern **vom/von der Arbeitnehmer:in einseitig festgelegt** werden kann. Der Arbeitgeber kann den/die Arbeitnehmer:in in der Folge ersuchen, am bekannt gegebenen Tag dennoch zu arbeiten. **Ein**

Ablehnungsrecht des Arbeitgebers besteht jedoch nicht! Kommt der/die Arbeitnehmer:in diesem Wunsch nach, besteht für den bekannt gegebenen Tag neben dem Urlaubsentgelt Anspruch auf das für die geleistete Arbeit gebührende Entgelt, insgesamt also das **doppelte Entgelt**. Auch der Urlaubstag bleibt dem/der Arbeitnehmer:in erhalten und wird nicht konsumiert.

Betriebliche Regelungen über den Urlaub

Kapitel 8

8.1 Was versteht man unter Betriebsurlaub?

Der Begriff Betriebsurlaub bezeichnet die (zumindest teilweise) **Schließung eines Betriebs**, währenddessen alle (oder zumindest ein Teil der) Arbeitnehmer:innen zugleich Urlaub konsumieren. Teilweise wird dafür auch der Begriff „Urlaubssperre“ verwendet, was jedoch insofern irreführend ist, als dieser Begriff auch einen Zeitraum, in dem keine Urlaubsvereinbarungen geschlossen werden bzw kein Urlaub verbraucht werden soll, verwendet wird.

Betriebsurlaub bedarf jedenfalls der Zustimmung jedes/jeder einzelnen betroffenen Arbeitnehmer:in! Häufig wird eine derartige Vereinbarung bereits im Arbeitsvertrag getroffen, es ist also grundsätzlich auch eine Vorausvereinbarung von Betriebsurlaub zulässig. Zudem muss ein ausreichender Teil des gesamten Urlaubs zur freien Gestaltung der Arbeitnehmer:innen verbleiben, zB zwei Wochen Betriebsurlaub, drei Wochen zur freien Gestaltung.

Hat ein/eine Arbeitnehmer:in dem Betriebsurlaub nicht (etwa bereits im Arbeitsvertrag) zugestimmt und im Zeitraum des „Betriebsurlaubes“ seine/ihre Arbeitsbereitschaft erklärt, vom Arbeitgeber jedoch nicht beschäftigt, so behält der/die Arbeitnehmer:in für diesen Zeitraum Anspruch auf Fortzahlung des Entgelts gem **§ 1155 ABGB**, auch Urlaub wird nicht konsumiert und kann daher auch zu einem anderen Zeitpunkt verbraucht werden.

Beispiel:
Das Unternehmen X vereinbart mit seinen Arbeitnehmer:innen, dass in den Tagen zwischen Weihnachten und Neujahr der Betrieb geschlossen bleibt und die Arbeitnehmer:innen Urlaub konsumieren. Dabei handelt es sich um Betriebsurlaub.

8.2 Was versteht man unter einer Urlaubssperre?

Der Begriff Urlaubssperre bezeichnet vorwiegend einen Zeitraum, in dem keine Urlaubsvereinbarungen geschlossen werden bzw in dem kein Urlaub verbraucht werden soll. Da der Zeitpunkt des Urlaubsverbrauchs grundsätzlich zwischen den Arbeitsvertragsparteien zu vereinbaren ist, kann es auch zu Zeiträumen kommen, in denen der Arbeitgeber (etwa aus betrieblichen Gründen) keinen Urlaub vereinbaren will. Teilweise wird mit dem Begriff Urlaubssperre – irreführenderweise – auch ein Betriebsurlaub, also ein Zeitraum, währenddessen alle oder ein Teil der Arbeitnehmer:innen zeitgleich Urlaub konsumieren, bezeichnet.

Beispiel:
Im Unternehmen Y wird stets am Jahresende der Jahresabschluss des Unternehmens erstellt. Der Arbeitgeber gibt daher bekannt, dass zwischen 15. Dezember und 1. Jänner Urlaubssperre herrscht. Das heißt, dass der Arbeitgeber für diesen Zeitraum keine Urlaubsvereinbarungen treffen will.

8.3 Kann Betriebsurlaub mittels einer Betriebsvereinbarung eingeführt werden?

Dem Betriebsurlaub muss stets jeder/jede einzelne Arbeitnehmer:in zustimmen, eine Einführung des Betriebsurlaubs mittels Betriebsvereinbarung ist daher **nicht rechtswirksam möglich**. Wird dennoch eine Betriebsvereinbarung mit einem derartigen Inhalt abgeschlossen, so ist dies zunächst lediglich als Angebot des Arbeitgebers, eine Urlaubsvereinbarung zu treffen, zu werten. Die Vereinbarung des Betriebsurlaubs wird erst dann wirksam (und gegebenenfalls Inhalt der Einzelverträge), wenn der/die einzelne Arbeitnehmer:in zugestimmt hat. Hat ein/eine Arbeitnehmer:in dem Betriebsurlaub nicht zugestimmt und im Zeitraum des „Betriebsurlaubes" seine/ihre Arbeitsbereitschaft erklärt, vom Arbeitgeber jedoch nicht beschäftigt, so behält der/die Arbeitnehmer:in für diesen Zeitraum Anspruch auf Fortzahlung des Entgelts gem **§ 1155 ABGB**, auch Urlaub wird nicht konsumiert und kann daher auch zu einem anderen Zeitpunkt verbraucht werden.

8.4 Was, wenn der/die Arbeitnehmer:in noch keinen ausreichenden Urlaubsanspruch für einen Betriebsurlaub erworben hat?

Falls der/die Arbeitnehmer:in noch nicht genügend Ansprüche auf Urlaub erworben hat, weil er/sie etwa erst kürzlich im Unternehmen zu arbeiten begonnen hat und daher lediglich über einen aliquoten Urlaubsanspruch verfügt, so kann entweder unbezahlter „Urlaub" (eigentlich: eine Freistellung von der Arbeit ohne Entgeltfortzahlung) vereinbart oder ein Urlaubsvorgriff vereinbart werden. Der/die Arbeitnehmer:in kann zu derartigen Vereinbarungen jedoch nicht gezwungen werden.

8.5 Kann eine Betriebsvereinbarung über den Urlaubsverbrauch im Allgemeinen geschlossen werden?

§ 97 Abs 1 Z 10 ArbVG

Grundsätzlich braucht es für die Festlegung eines Zeitpunktes für den Urlaubsverbrauch stets eine individuelle Vereinbarung zwischen Arbeitgeber und Arbeitnehmer:in.

Daneben besteht jedoch die Möglichkeit des Abschlusses einer freiwilligen Betriebsvereinbarung über „Grundsätze des Urlaubsverbrauchs". Das Arbeitsverfassungsgesetz (ArbVG) enthält in diesem Zusammenhang also einen eigenen Tatbestand, der es ermöglicht, **allgemeine Richtlinien im Zusammenhang mit dem Urlaubsverbrauch** festzulegen. Dabei darf jedoch natürlich nicht gegen gesetzliche Vorgaben verstoßen werden.

Zu möglichen Regelungsinhalten zählen etwa Kriterien für die Entscheidung von Vorgesetzten über Urlaubsanträge, welches Verfahren bei der Beantragung von Urlauben zu beachten ist oder wie die Vertretung von sich im Urlaub befindlichen Arbeitnehmer:innen in den Abteilungen zu organisieren ist. Die Festlegung konkreter Urlaubszeiträume ist der individuellen Vereinbarung vorbehalten und kann daher nicht Gegenstand einer Betriebsvereinbarung über die Grundsätze des Urlaubsverbrauchs sein.

Verjährung von Urlaubsansprüchen

Kapitel 9

9.1 Können Urlaubsansprüche auch verjähren?

§ 4 Abs 5 UrlG

Im Urlaubsgesetz ist eine einseitig zwingende Verjährungsfrist von zwei Jahren festgelegt. Nach Ablauf von zwei Jahren geht somit die Klagbarkeit des Urlaubsanspruchs verloren, eine gerichtliche Durchsetzung ist somit nicht mehr möglich.

Wird jedoch bereits verjährter Urlaub verbraucht (weil der Arbeitgeber zustimmt bzw eine Urlaubsvereinbarung über verjährte Urlaubsansprüche getroffen wird) und auch Urlaubsentgelt dafür ausgezahlt, so kann dieses vom Arbeitgeber nicht wieder zurückgefordert werden. Die Verjährungsfrist beginnt mit dem Ende jenes Urlaubsjahres, in dem der Anspruch entstanden ist, zu laufen. Da immer der älteste Anspruch zuerst verbraucht wird, kann eine Verjährung daher erst dann eintreten, wenn der/die Arbeitnehmer:in **zumindest drei Jahre lang keinen Urlaub verbraucht** hat. Verhindert der Arbeitgeber einseitig den Urlaubsverbrauch – indem etwa der/die Arbeitnehmer:in wiederholt Urlaubswünsche äußert und der Arbeitgeber diese immer wieder ablehnt –, so ist es wohl als rechtsmissbräuchlich anzusehen, wenn der Arbeitgeber dem/der Arbeitnehmer:in anschließend die Verjährung des Urlaubsanspruchs entgegenhält. In Fällen, in denen die Vereinbarung von Urlaub am Arbeitgeber scheitert, kommt im Übrigen die Möglichkeit des einseitigen Urlaubsantritts in Betracht.

Werden über das gesetzliche Ausmaß hinaus weitere Urlaubstage auf kollektivvertraglicher oder einzelvertraglicher Basis gewährt, so ist bei Fehlen einer abweichenden Vereinbarung ebenfalls von einer Verjährungsfrist von zwei Jahren auszugehen.

9.2 Gilt die zweijährige Verjährungsfrist für den Urlaubsanspruch auch für die Urlaubsersatzleistung?

Die zweijährige Verjährungsfrist gilt nur für den Urlaubsanspruch selbst, nicht für den Anspruch auf Urlaubsersatzleistung, die bei Beendigung des Dienstverhältnisses für nicht verbrauchte Urlaubstage zu zahlen ist – die Verjährungsfrist für die Urlaubsersatzleistung beträgt **drei Jahre ab Fälligkeit**, also ab dem Ende des Arbeitsverhältnisses, soweit nicht Kollektivvertrag, Betriebsvereinbarung oder Einzelvereinbarung eine kürzere Verjährungs- bzw Verfallsfrist vorsehen!

§§ 4 UrlG, 15 MSchG, 7c VKG, 6 APSG)

9.3 Verlängert sich die Verjährungsfrist, wenn Karenz in Anspruch genommen oder der Präsenz- bzw Zivildienst geleistet und aus diesem Grund nicht gearbeitet wird?

Nimmt der/die Arbeitnehmer:in Elternkarenz in Anspruch, so verlängert sich die grundsätzlich zweijährige Verjährungsfrist um die Zeit der Elternkarenz. Andere Karenzzeiten verlängern die Verjährungsfrist jedoch nicht!

Wird der Präsenz- oder Zivildienst geleistet, so wird während dieses Zeitraumes die Frist zur Geltendmachung arbeitsrechtlicher Ansprüche gehemmt.

9.4 Wie wirkt sich eine Krankheit des/der Arbeitnehmer:in auf die Verjährung von Urlaubsansprüchen aus?

Erkrankt der/die Arbeitnehmer:in und kann aus diesem Grund in der Vergangenheit entstandene Urlaubsansprüche nicht (rechtzeitig) verbrauchen, wird die Verjährung von Urlaubsansprüchen vom Beginn des Krankenstandes weg gehemmt.

Gleiches gilt für andere Fälle, in denen der/die Arbeitnehmer:in objektiv daran gehindert ist, den Urlaub rechtzeitig zu verbrauchen, so etwa auch im Fall des Beschäftigungsverbots nach dem Mutterschutzgesetz (MSchG).

9.5 Muss der Arbeitgeber auf die drohende Verjährung von Urlaubsansprüchen hinweisen?

Der Oberste Gerichtshof (OGH) hat vor dem Hintergrund der Judikatur des Europäischen Gerichtshofes entschieden, dass Urlaubsansprüche erst dann verjähren können, wenn der Arbeitgeber die Arbeitnehmer:innen auf die drohende Verjährung hingewiesen hat. **Weisen Arbeitgeber auf die drohende Verjährung von Urlauben der Arbeitnehmer:innen nicht hin, so können diese den nicht verbrauchten Urlaub trotz Ablaufs der im Urlaubsgesetz vorgesehenen Verjährungsfrist geltend machen.**

Da in der EU-Arbeitszeit-Richtlinie jedoch nur vier Wochen Urlaub pro Jahr vorgesehen sind, bezieht sich die Rechtsprechung (bislang) auch nur auf diese **vier Wochen**, hinsichtlich der im österreichischen Urlaubsgesetz geregelten fünften bzw sechsten Urlaubswoche kann die Verjährung also weiterhin ohne Hinweis des Arbeitgebers eintreten.

9.6 Wie wirkt es sich auf die Verjährung von Urlaubsansprüchen aus, wenn der Arbeitgeber den Verbrauch von Urlaub durch den/die Arbeitnehmer:in verweigert?

Möchte der/die Arbeitnehmer:in Urlaub konsumieren und verweigert dies der Arbeitgeber, obwohl die entstandenen Urlaubsansprüche zu verjähren drohen, ist von einer **Hemmung der Verjährung** von Urlaubsansprüchen auszugehen. Der Arbeitgeber kann also nicht durch die Verweigerung der Vereinbarung von Urlaubsverbrauch eine Verjährung des bisher nicht verbrauchten Urlaubs herbeiführen.

Will der/die Arbeitnehmer:in auf Urlaub gehen und der Arbeitgeber verweigert den Abschluss einer Urlaubsvereinbarung, so besteht unter bestimmten Voraussetzungen – Betrieb mit Betriebsrat, Verbrauch des gesamten Urlaubs oder eines Urlaubsteils von zumindest zwölf Tagen, Ankündigung des Urlaubs zumindest drei Monate vor geplantem Antritt – die Möglichkeit, den Urlaub einseitig anzutreten. Alternativ besteht die Möglichkeit der Klage vor dem Arbeits- und Sozialgericht.

9.7 Dürfen jene Urlaubsansprüche, die zu verjähren drohen, in Geld abgelöst werden?

Nein, auch wenn Urlaubsansprüche zu verjähren drohen, ist eine Ablöse in Geld nicht möglich. Das Verbot der Urlaubsablöse ist zweiseitig zwingend, daher kommt auch in einem solchen Fall keine Geldzahlung (anstelle des Urlaubskonsums) in Frage. Kann der zu verjähren drohende Urlaub nicht mehr rechtzeitig verbraucht werden, so kann eine Verlängerung der Verjährungsfristen vereinbart werden.

Erkrankung während des Urlaubs

Kapitel 10

10.1 Was passiert mit den Urlaubstagen, wenn ein/eine Arbeitnehmer:in im Urlaub erkrankt?

§ 5 Abs 1 UrlG

Erkrankt oder verunglückt ein/eine Arbeitnehmer:in während des Urlaubs, ohne dies vorsätzlich oder grob fahrlässig herbeigeführt zu haben, so werden auf Werktage fallende Tage der Erkrankung, an denen der/die Arbeitnehmer:in infolge der Krankheit arbeitsunfähig war, auf das Urlaubsausmaß **nicht** angerechnet, wenn die Erkrankung **länger als drei Kalendertage** gedauert hat.

10.2 Was passiert, wenn der/die Arbeitnehmer:in vor dem Urlaub krank wird?

Damit die Urlaubstage nicht von der Urlaubsdauer abgezogen werden, muss die Erkrankung in jedem Fall **während des Urlaubs, das heißt, nach Urlaubsantritt und vor Urlaubsende,** auftreten. Erkrankt der/die Arbeitnehmer:in vor Urlaubsantritt und dauert die Erkrankung bis über den Urlaubsbeginn an, kann der/die Arbeitnehmer:in von der Urlaubsvereinbarung zurücktreten.

10.3 Was passiert mit den Urlaubstagen, wenn der/die Arbeitnehmer:in zwar im Urlaub erkrankt, die Krankheit jedoch über das geplante Urlaubsende hinaus andauert?

Tritt die Krankheit während des Urlaubs auf und dauert sie insgesamt länger als drei Kalendertage, wird sie aber erst nach dem Urlaubsende auskuriert, so reicht dies aus, damit die Urlaubstage nicht auf das Urlaubskontingent angerechnet werden. Wichtig ist nur, dass die Erkrankung **ununterbrochen länger als drei Kalendertage** gedauert hat und dass die Erkrankung noch **während des Urlaubs begonnen** hat.

10.4 Welche Erkrankung muss vorliegen, damit die Dauer der Erkrankung nicht auf das Urlaubsausmaß angerechnet wird?

Es muss eine Krankheit vorliegen, die zur Arbeitsunfähigkeit führt. Die Arbeitsunfähigkeit wird von einem/einer Ärzt:in festgestellt, der/die eine Arbeitsunfähigkeitsmeldung (Krankenstandsbestätigung) ausstellt. Arbeitsunfähigkeit liegt immer dann vor, wenn (und solange) der/die Arbeitnehmer:in infolge der Krankheit die bisherige Arbeit nicht oder nur unter Gefährdung des eigenen Gesundheitszustandes verrichten kann.

10.5 Was bedeutet, dass der/die Arbeitnehmer:in die Erkrankung nicht grob fahrlässig oder vorsätzlich herbeigeführt haben darf?

Unter grober Fahrlässigkeit ist eine **auffallende Sorglosigkeit** zu verstehen. Das bedeutet, dass der/die Arbeitnehmer:in die Krankheit durch ein ungewöhnlich leichtfertiges Verhalten verursacht hat. Zum Beispiel, wenn sich der/die Arbeitnehmer:in einer Gefahr aussetzt, die erheblich über das hinausgeht, was bei einer normalen und vernünftigen Lebensführung üblich ist oder wenn er/sie sich in eine Situation begibt, in der vorhersehbar ist, dass er/sie sich verletzen oder erkranken wird.

Vereinfacht gesagt handelt ein/eine Arbeitnehmer:in grob fahrlässig, wenn der Grund für die Arbeitsunfähigkeit einem vernünftigen Menschen in der gleichen Situation nicht unterlaufen würde. Vorsätzlich handelt ein/eine Arbeitnehmer:in, wenn er/sie die Gesundheitsschädigung vorhersieht und den Eintritt der Gesundheitsschädigung billigend in Kauf nimmt.

Vorsätzliches Handeln bedeutet also, dass der/die Arbeitnehmer:in die Dienstverhinderung **absichtlich** herbeiführt (zB Selbstverletzung). Aber auch das bewusste Inkaufnehmen der Gesundheitsstörung gilt als vorsätzliche Herbeiführung der Dienstverhinderung.

10.6 Was ist der Unterschied zwischen leichter und grober Fahrlässigkeit und warum ist die Unterscheidung wichtig?

Leichte Fahrlässigkeit liegt vor, wenn jemand eine **Sorgfaltspflicht verletzt**, die er normalerweise beachten würde. Solche Fehler können auch einem gewissenhaften Menschen unterlaufen. Die Folgen eines solchen Fehlers sind oft nicht ohne weiteres vorhersehbar; auch ein durchschnittlich sorgfältiger Mensch kann in eine solche Situation geraten.

Ist die Gesundheitsstörung, die zur Arbeitsunfähigkeit geführt hat, leicht fahrlässig herbeigeführt worden, so werden die Urlaubstage nicht auf das Urlaubsausmaß angerechnet, wenn die Arbeitsunfähigkeit mehr als drei Kalendertage beträgt. Die Abgrenzung zwischen leichter und grober Fahrlässigkeit ist jedoch nicht immer einfach. Es kommt immer auf die Umstände des Einzelfalls an.

10.7 Bei welchem Verhalten geht die Rechtsprechung von grober Fahrlässigkeit aus?

Bei Alkoholunfällen im Straßenverkehr wird häufig von grober Fahrlässigkeit des/der Arbeitnehmer:in ausgegangen, vor allem dann, wenn der Alkoholkonsum die Fahrtüchtigkeit beeinträchtigt. Grob fahrlässig ist daher das Lenken eines Fahrzeuges unter Alkoholeinfluss selbst, aber auch das Mitfahren bei einer erkennbar betrunkenen Person. Aber auch das Fahren ohne Führerschein oder das Mitfahren auf einem Fahrradgepäckträger auf einer stark beschädigten, abschüssigen Straße wurde von den Gerichten bereits als grob fahrlässiges Verhalten gewertet.

10.8 Der/die Arbeitnehmer:in hat sich beim Fußballspielen im Urlaub verletzt. Handelt es sich dabei um eine grobe Fahrlässigkeit?

Grundsätzlich sind Gesundheitsstörungen, die durch Sport zur Arbeitsunfähigkeit führen, nicht vom/von der Arbeitnehmer:in verschuldet. Voraussetzung ist jedoch, dass die Wettkampfregeln eingehalten und die Sportgeräte ordnungsgemäß gewartet werden. Dabei sind auch die körperliche Verfassung und die Kenntnisse zu berücksichtigen. So handelt ein/eine Arbeitnehmer:in, der/die im Besitz eines Tauchscheins ist, nicht grob fahrlässig, wenn er/sie beim normalen Tauchen eine Gesundheitsstörung erleidet. Unternimmt der/die Arbeitnehmer:in hingegen ohne Vorkenntnisse, ohne Tauchlehrer:in und ohne Einweisung zum ersten Mal einen Tauchgang und verletzt sich dabei, so liegt ein grob fahrlässiges Verhalten vor.

10.9 Was passiert mit den Urlaubstagen, wenn der/die Arbeitnehmer:in genau drei Tage erkrankt?

Der Gesetzgeber sieht ausdrücklich vor, dass die Urlaubstage nur dann nicht auf das Urlaubsausmaß angerechnet werden, wenn die Krankheit **länger als drei Kalendertage** gedauert hat. Eine Erkrankung im Urlaub von bis zu drei Tagen hat also keinen Einfluss auf das Urlaubskontingent.

10

10.10 Der/die Arbeitnehmer:in erkrankt für vier Tage, einschließlich des Wochenendes, während des Urlaubs. Was passiert mit den Urlaubstagen?

§ 5 Abs 1 UrlG

Erkrankt ein/eine Arbeitnehmer:in während eines zweiwöchigen Urlaubs bei einer normalen Fünf-Tage-Woche (Montag bis Freitag sind Arbeitstage) von Freitag bis einschließlich Montag, so liegt eine Krankheit von vier Kalendertagen vor. Da der Urlaub in Arbeitstagen berechnet wird, werden der Freitag und der Montag nicht auf das Urlaubsausmaß angerechnet.

§ 5 Abs 3 UrlG

10.11 Wann muss der Arbeitgeber über eine Erkrankung während des Urlaubs informiert werden?

Der/die Arbeitnehmer:in ist verpflichtet, den Arbeitgeber nach einer Krankheitsdauer während des Urlaubs von drei Tagen **unverzüglich** zu benachrichtigen. Der/die Arbeitnehmer:in ist also grundsätzlich erst nach drei Krankheitstagen verpflichtet, den Arbeitgeber über die Erkrankung zu informieren. Steht jedoch bereits am ersten Krankheitstag aufgrund eines Arztbesuches fest, dass man länger als drei Tage krank sein wird, empfiehlt es sich, den Arbeitgeber bereits zu diesem Zeitpunkt zu informieren.

10.12 Wie muss der Arbeitgeber über die Krankheit informiert werden?

Die Mitteilung ist an **keine bestimmte Form gebunden**, kann also auch per SMS oder E-Mail erfolgen. Grundsätzlich ist die Mitteilung an den Arbeitgeber zu richten. Es genügt jedoch, wenn die Mitteilung an die dafür vorgesehene Stelle, zB das Personalbüro, erfolgt. Es ist durchaus üblich, dass es in Unternehmen eine Regelung gibt, wer im Falle einer Arbeitsunfähigkeit zu informieren ist. In diesem Fall ist natürlich diese Person zu benachrichtigen.

10.13 Was passiert, wenn der/die Arbeitnehmer:in den Arbeitgeber nicht über eine Erkrankung im Urlaub informiert?

Informiert der/die Arbeitnehmer:in den Arbeitgeber überhaupt nicht oder nicht unverzüglich nach spätestens drei Krankheitstagen, erfolgt keine Urlaubsunterbrechung. Die Urlaubstage werden also – trotz Krankheit – vom Urlaubskontingent abgezogen.

10.14 Ist der/die Arbeitnehmer:in verpflichtet, am Ende des Urlaubs eine Krankenstandsbestätigung (Arbeitsunfähigkeitsbestätigung) vorzulegen?

Erkrankt ein/eine Arbeitnehmer:in, so ist er/sie grundsätzlich nur auf Verlangen des Arbeitgebers verpflichtet, eine ärztliche Bestätigung über Ursache und Dauer der Arbeitsunfähigkeit vorzulegen. Die Diagnose muss jedoch nicht angegeben werden.

Erkrankt der/die Arbeitnehmer:in hingegen während des Urlaubs und sollen die Urlaubstage nicht auf den Urlaub angerechnet werden, so ist er/sie verpflichtet, bei Wiederaufnahme des Dienstes **unaufgefordert** eine **ärztliche Bestätigung** über **Beginn, Dauer und Ursache** der Arbeitsunfähigkeit vorzulegen.

10.15 Muss der/die Arbeitnehmer:in dem Arbeitgeber mitteilen, welche Krankheit er/sie hat?

Nein, auch wenn im Gesetz festgelegt ist, dass die Ursache anzugeben ist, so ist damit nicht die Diagnose gemeint. Unter Ursache versteht man bei Krankmeldungen im Allgemeinen nur die Angabe „infolge Krankheit" oder „infolge Unfall".

10.16 Verlängert sich der Urlaub automatisch um die Dauer des Krankenstandes?

Nein, der Urlaub wird nicht automatisch um die Krankheitstage verlängert. Er endet also zum ursprünglich vereinbarten Zeitpunkt.

10.17 Was muss der/die Arbeitnehmer:in beachten, wenn er/sie im Ausland erkrankt?

Erkrankt ein/eine Arbeitnehmer:in im Ausland, muss er/sie zusätzlich zur ärztlichen Bestätigung eine **behördliche Bescheinigung** vorlegen, aus der hervorgeht, dass die ärztliche Bestätigung von einem/einer zugelassenen Ärztin ausgestellt wurde. Diese Bestätigung kann von einer zuständigen Behörde des ausländischen Staates, von einer österreichischen Behörde in diesem Staat (zB Konsulat, Generalkonsulat, Botschaft), aber auch von einer zuständigen ausländischen Behörde in Österreich ausgestellt werden. Nicht die Richtigkeit der ärztlichen Diagnose muss bestätigt werden, sondern nur, dass die Bescheinigung von einer nach den Vorschriften des betreffenden Staates zur Ausübung des ärztlichen Berufs befugten Person ausgestellt wurde. Diese Bescheinigung ist nicht erforderlich, wenn die Behandlung nachweislich in einem öffentlichen Krankenhaus erfolgt ist. In diesem Fall genügt eine entsprechende Bestätigung des Krankenhauses.

10.18 Kann der/die Arbeitnehmer:in mit der österreichischen E-Card auch im Ausland zum Arzt gehen?

Ob die Kosten vollständig von der Sozialversicherung übernommen werden, hängt vom jeweiligen Urlaubsland ab. Es ist daher sinnvoll, sich vorher bei der österreichischen Sozialversicherung darüber zu informieren. In jedem Fall wird eine **Europäische Krankenversicherungskarte (EKVK)** benötigt, die auf der Rückseite der österreichischen E-Card zu finden ist. Die EKVK muss vollständig ausgefüllt sein und darf nicht abgelaufen sein.

Die EKVK gilt in den meisten europäischen Ländern, einschließlich der EU, des EWR, der Schweiz, des Vereinigten Königreichs, Nordmazedoniens, Montenegros, Serbiens und Bosnien-Herzegowinas. Für Montenegro, Serbien und Bosnien-Herzegowina muss die EKVK dem für den Aufenthaltsort zuständigen Sozialversicherungsträger vorgelegt und in eine gültige Anspruchsbescheinigung umgetauscht werden. Zu beachten ist, dass die E-Card bzw EKVK in der Türkei nicht gültig ist. Stattdessen ist von der Krankenkasse ein Betreuungsschein erhältlich. Für Reisen in alle anderen Länder müssen die Kosten für notwendige medizinische Behandlungen (ärztliche Hilfe, Krankenhausaufenthalte usw) vor Ort selbst bezahlt werden. Es kann jedoch nach der Rückkehr nach Österreich bei der Österreichischen Gesundheitskasse (ÖGK) eine Kostenerstattung beantragt werden, indem die detaillierten und bezahlten Rechnungen vorgelegt werden. In Österreich übernimmt die Krankenkasse 80 Prozent der Kosten, die bei einer vergleichbaren Behandlung durch einen Vertragsarzt im Inland entstanden wären. Um im Falle eines Krankenhausaufenthaltes nicht hohe Kosten selbst tragen zu müssen, empfiehlt es sich, sich nach einer privaten Reiseversicherung zu erkundigen.

10.19 Der/die Arbeitnehmer:in hat Zeitausgleich vereinbart und erkrankt während des Zeitausgleichs. „Verliert" der/die Arbeitnehmer:in Stunden des Zeitausgleichs?

Ja, diese Stunden gehen „verloren". Der Zeitausgleich wird durch Krankheit **nicht unterbrochen**. Wer Überstunden gemacht hat, sich diese nicht auszahlen lässt, sondern in Zeitausgleich geht und krank wird, kann den Zeitausgleich nicht auf einen anderen Zeitpunkt verschieben. Der Zeitausgleich wird durch Krankheit nicht unterbrochen. Die Überstunden sind zwar geleistet, werden aber weder ausbezahlt, noch können sie tatsächlich als Zeitausgleich konsumiert werden, da dieser durch die Krankheit verhindert wird.

10.20 Der/die Arbeitnehmer:in arbeitet im Urlaub und erkrankt infolgedessen. Hat das Auswirkungen auf den Urlaub?

§ 5 Abs 2 UrlG

Übt ein/eine Arbeitnehmer:in während seines Urlaubs eine **dem Erholungszweck widersprechende Erwerbstätigkeit** aus, so liegt keine Urlaubsunterbrechung vor, wenn die Erkrankung (der Unfall) in ursächlichem Zusammenhang mit dieser Erwerbstätigkeit steht. Mit dieser Regelung soll erreicht werden, dass der/die Arbeitnehmer:in den Urlaub entsprechend dem Erholungszweck konsumiert. Voraussetzung ist jedoch, dass es sich um eine bezahlte Arbeit handelt und dass diese Arbeit dem Erholungszweck zuwiderläuft. Tätigkeiten, wie zB im Sommer während des Urlaubs als Schwimmlehrer zu arbeiten, widersprechen grundsätzlich nicht dem Erholungszweck. Voraussetzung dafür, dass keine Urlaubsunterbrechung vorliegt, ist jedoch, dass die Tätigkeit während des Urlaubs letztlich zur Erkrankung geführt hat. Es ist jedoch zu prüfen, ob eine Nebentätigkeit überhaupt erlaubt ist. Neben Konkurrenzverboten sehen Arbeitsverträge häufig auch eine Meldepflicht gegenüber dem Arbeitgeber vor.

10.21 Kann unmittelbar nach Ende der Krankheit der vereinbarte Urlaub angetreten werden?

Befindet sich der/die Arbeitnehmer:in im Krankenstand und ist für einen Zeitraum unmittelbar nach Ende der Krankheit Urlaub vereinbart, so kann dieser angetreten werden. Es muss also nicht erst ein Tag nach dem Krankenstand gearbeitet werden, bevor der/die Arbeitnehmer:in Urlaub konsumieren kann. Allerdings muss der Arbeitgeber über das Ende des Krankenstandes und den Urlaubsantritt informiert werden.

Urlaubs-entgelt

Kapitel 11

11.1 Was versteht man unter dem Begriff Urlaubsentgelt?

§ 6 UrlG

§ 6 des Urlaubsgesetzes legt fest, dass Arbeitnehmer:innen während des Urlaubs ihren Anspruch auf Entgelt behalten. Es ist ihnen also der Lohn oder das Gehalt **wie an einem regulären Arbeitstag fortzuzahlen**. Ein Verzicht auf das Urlaubsentgelt ist rechtsunwirksam, da die Bestimmung des § 6 Urlaubsgesetz einseitig zwingend ist.

11.2 Was ist der Generalkollektivvertrag zum Urlaubsgesetz und was regelt er?

Der Generalkollektivvertrag zum Urlaubsgesetz ist ein Kollektivvertrag, der zwischen (Bundes-)Wirtschaftskammer (WKO) und Österreichischem Gewerkschaftsbund (ÖGB) bereits im Jahr 1978 abgeschlossen worden ist und anders als übliche Kollektivverträge nicht nur die Beschäftigten einer bestimmten Branche erfasst, sondern alle Arbeitnehmer:innen, die dem ersten Abschnitt des Urlaubsgesetzes unterliegen. Im Generalkollektivvertrag wird der Entgeltbegriff des Urlaubsgesetzes ausdefiniert. So wird dort etwa festgelegt, wie mit Überstunden und Provisionen umzugehen ist. Die Bestimmungen des Urlaubsgesetzes werden durch den Generalkollektivvertrag also konkretisiert.

11.3 In welcher Höhe steht das Urlaubsentgelt zu?

Die Höhe des Urlaubsentgelts folgt dem sogenannten **„Ausfallsprinzip“**. Der/die Arbeitnehmer:in hat also Anspruch auf Entgelt in jener Höhe, die er/sie erhalten hätte, wenn in der Zeit des Urlaubs gearbeitet worden wäre. Voraussetzung für den Anspruch auf Urlaubsentgelt ist daher der Anspruch auf Arbeitsentgelt – nur, wenn der/die Arbeitnehmer:in am Tag des Urlaubs gearbeitet hätte, erhält er/sie auch Urlaubsentgelt. Dadurch soll sichergestellt werden, dass Arbeitnehmer:innen durch den Konsum von Urlaub **keinen wirtschaftlichen Nachteil** erleiden. Unter den Begriff des Urlaubsentgelts fallen daher das übliche Arbeitsentgelt ebenso wie Zulagen und Zuschläge, anteilsmäßige Sonderzahlungen, Überstundenpauschalen bzw Entgelt für Überstunden, die zu erbringen gewesen wären, bzw die vor dem Antritt des Urlaubs regelmäßig geleistet wurden. Ebenso fallen Provisionen in der Höhe des Durchschnitts der letzten zwölf Monate vor Urlaubsantritt unter den Begriff des Urlaubsentgelts, nicht jedoch Sachbezüge, Aufwandsentschädigungen oder dergleichen.

11.4 Wie wird das Urlaubsentgelt bei Leistungslohnsystemen bestimmt?

Hinsichtlich Leistungslohnsystemen wie Akkord-, Stück- oder Gedinglöhnen, akkordähnlichen oder sonstigen leistungsbezogenen Prämien oder Entgelten, ist das Urlaubsentgelt nach dem **Durchschnitt der letzten dreizehn voll gearbeiteten Wochen** zu bestimmen. Nur ausnahmsweise geleistete Arbeiten sind dabei auszuscheiden. Auch solche Zeiten, in denen eben nicht „voll" gearbeitet wurde, weil der/die Arbeitnehmer:in sich etwa im Krankenstand oder in Kurzarbeit befunden hat, werden daher nicht eingerechnet.

11.5 Wie ist hinsichtlich des Urlaubsentgelts vorzugehen, wenn ein Urlaubstag auf einen gesetzlichen Feiertag fällt?

Klar ist zunächst: Nur, wenn der/die Arbeitnehmer:in an einem Feiertag überhaupt arbeiten würde, kann für diesen Tag Urlaub vereinbart werden. Hätte der/die Arbeitnehmer:in an einem Feiertag zu arbeiten gehabt und an diesem Tag Urlaub vereinbart, so besteht – dem Ausfallsprinzip folgend – der Anspruch auf Urlaubsentgelt insofern, als sowohl das Feiertagsentgelt als auch das (Feiertags-)Arbeitsentgelt zu zahlen sind.

11.6 Wie wird das Urlaubsentgelt für Personen bestimmt, die sowohl per Zeit- als auch per Leistungslohn entlohnt werden?

Wer die Arbeit abwechselnd in Form von Zeitlohn und in Form von Leistungslohn abgegolten bekommt, wird als „Mischlöhner:in" bezeichnet. Wenn die Arbeit – auch nur teilweise – in Form von Leistungslohn entlohnt wird, zB bei Akkordarbeit, ist stets der Durchschnitt der letzten dreizehn voll gearbeiteten Wochen zur Bestimmung der Höhe des Urlaubsentgelts heranzuziehen. Wird zum Zeitpunkt des Urlaubsantritts nicht mehr in Form von Leistungslohn entlohnt, besteht also keine Leistungslohnvereinbarung mehr, weil diese beendet wurde, so ist dem Ausfallsprinzip folgend das **regelmäßige Entgelt** als Urlaubsentgelt auszubezahlen.

11.7 Wie ist das Urlaubsentgelt zu bestimmen, wenn sich das Arbeitszeitausmaß verändert?

Ändert sich während der Beschäftigung eines/einer Arbeitnehmer:in das Arbeitszeitausmaß, zB von Vollzeit auf Teilzeit, so hat dies auf die Höhe des Urlaubsentgelts grundsätzlich keinen Einfluss. Auch in diesen Fällen ist anhand des Ausfallsprinzips vorzugehen und der/die Arbeitnehmer:in hat Urlaubsentgelt in jener Höhe zu erhalten, in der er/sie Lohn oder Gehalt für die Arbeitstätigkeit erhalten hätte. Es ist also das regelmäßige Entgelt zu zahlen.

11.8 Zu welchem Zeitpunkt muss das Urlaubsentgelt ausgezahlt werden?

§ 6 Abs 6 UrlG

Das Urlaubsentgelt muss dem/der Arbeitnehmer:in **bereits vor dem Urlaubsantritt in gesamter Höhe** ausgezahlt werden. Der/die Arbeitnehmer:in muss also die Möglichkeit haben, das Urlaubsentgelt noch am letzten Arbeitstag vor dem Urlaubsantritt vom Gehaltskonto abzuheben. Wird der gesamte Jahresurlaub am Stück verbraucht, ist somit das Urlaubsentgelt auch für den gesamten Jahresurlaub von fünf oder sechs Wochen auszuzahlen.

Wird der Urlaub in mehreren Teilen konsumiert, so ist das Urlaubsentgelt für den jeweils vereinbarten Urlaubszeitraum im Voraus auszuzahlen. Wird das (Arbeits-)Entgelt üblicherweise am Ende des Monats ausgezahlt, so ist jener Teil des Entgelts, der sich auf den Urlaubszeitraum bezieht, vor Antritt des Urlaubs auszuzahlen, das Urlaubsentgelt ist also schon früher fällig als die monatliche Lohn- bzw Gehaltszahlung.

Leider wird diese Bestimmung in der Praxis häufig nicht beachtet. Erfolgt die Auszahlung des Urlaubsentgelts nicht wie vom Urlaubsgesetz vorgeschrieben, so kann dies jedoch als Vorenthaltung des Entgelts gewertet werden und den/die Arbeitnehmer:in unter Umständen zum vorzeitigen Austritt aus dem Dienstverhältnis berechtigen.

11.9 Muss das Urlaubsentgelt unter bestimmten Umständen zurückgezahlt werden?

Wird von der Urlaubsvereinbarung zurückgetreten oder erfolgt eine Unterbrechung des Urlaubs, zB wegen Krankheit, so muss das für den nicht verbrauchten Teil des Urlaubs erhaltene Entgelt vom/von der Arbeitnehmer:in zurückgezahlt oder mit anderen Entgeltansprüchen dem Arbeitgeber gegenüber gegengerechnet werden.

Nicht grundsätzlich zurückzuzahlen ist das Urlaubsentgelt jedoch im Zusammenhang mit dem sogenannten Urlaubsvorgriff: Ist der Verbrauch von erst in der Zukunft entstehendem Urlaub vereinbart und das Urlaubsentgelt bereits ausgezahlt, wird jedoch das Dienstverhältnis vor Entstehen des Urlaubsanspruches beendet, so muss eine Rückzahlung nur dann erfolgen, wenn eine solche Verpflichtung in der Vereinbarung über den Urlaubsvorgriff vorgesehen ist. Ist der Urlaubsanspruch erst aliquot entstanden, weil der/die Arbeitnehmer:in erst kurz beim Arbeitgeber beschäftigt ist, so kommt eine Rückzahlung des für zu viel verbrauchten Urlaub erhaltenen Urlaubsentgelts bei unberechtigtem vorzeitigen Austritt des/der Arbeitnehmer:in sowie bei verschuldeter Entlassung in Frage.

§ 7 UrlG

11.10 Was versteht man unter dem Ablöseverbot?

Das Urlaubsgesetz verbietet in § 7 sogenannte „Urlaubsablösen“ ausdrücklich, ganz gleich, ob sie einzelvertraglich oder kollektivrechtlich – also mittels Betriebsvereinbarung oder Kollektivvertrag – vereinbart werden. Damit sind Vereinbarungen gemeint, die dem/der Arbeitnehmer:in Geld- oder sonstige vermögenswerte Leistungen anstatt des (Natural-)Urlaubs erhält, damit auf die Inanspruchnahme des Urlaubs verzichtet wird. Das **Verbot von Urlaubsablösen** ist zweiseitig zwingend, es kann also nicht einmal dann davon abgewichen werden, wenn der/die Arbeitnehmer:in von sich aus auf den Urlaub verzichten will und eine entsprechende Vereinbarung anstrebt. Mit dem Ablöseverbot soll dem Zweck des Urlaubs – der Erholung des/der Arbeitnehmer:in – zum Durchbruch verholfen werden. Wird eine derartige Vereinbarung geschlossen, hat der/die Arbeitnehmer:in also dennoch Anspruch auf Urlaub im aufgrund von Gesetz, Kollektivvertrag oder sonstiger Vereinbarung zustehenden Ausmaß. Vom verbotenen Ablöseverbot zu unterscheiden sind jedoch Vereinbarungen am Ende des Arbeitsverhältnisses, die Regelungen darüber treffen, wie mit noch unverbrauchtem Urlaub umzugehen ist, also ob dieser in natura verbraucht wird, oder ob ein solcher Verbrauch in natura nicht möglich ist und daher die Urlaubsersatzleistung an den/die Arbeitnehmer:in ausgezahlt wird.

11.11 Ist Urlaub immer bezahlt oder gibt es auch so etwas wie unbezahlten Urlaub?

Häufig liest man die Formulierung „bezahlter Urlaub“. Wenn man jedoch von Urlaub im Sinne des Gesetzes spricht, handelt es sich immer um eine bezahlte Freistellung von der Arbeit. Die Bezahlung in Form des Urlaubsentgelts ist also dem Begriff des Urlaubs immanent.

Eine Freistellung von der Arbeit ohne Entgelt wird daher nicht Urlaub, sondern **Karenz** genannt.

11.12 Können Kollektivverträge weitere Möglichkeiten der Freistellung unter Fortzahlung des Entgelts vorsehen?

In vielen Kollektivverträgen sind Bestimmungen über zusätzliche Freizeittage oder über das Gesetz hinausgehende Dienstfreistellungen mit Entgeltfortzahlungsanspruch enthalten. Diese zusätzlichen Freizeittage bzw Dienstfreistellungen dienen der Berücksichtigung wichtiger Ereignisse im Leben der Arbeitnehmer:innen und sollen überdies die (Jahres-)Arbeitszeit verkürzen. So erhalten Arbeitnehmer:innen mitunter etwa (zum Teil mehrere) **Freistellungstage** bei Eheschließung bzw Verpartnerung, Wohnungswechsel oder Geburt eines Kindes.

11.13 Was versteht man unter dem Urlaubsgeld und wie unterscheidet es sich vom Urlaubsentgelt?

Im Unterschied zum Begriff des Urlaubsentgelts, der die Fortzahlung von Lohn bzw Gehalt nach dem Ausfallsprinzip während des Urlaubskonsums bezeichnet, handelt es sich beim Urlaubsgeld nicht um einen gesetzlichen Anspruch des/der Arbeitnehmer:in.

Das Urlaubsgeld wird auch als Urlaubszuschuss, Urlaubsbeihilfe oder 14. Gehalt bezeichnet und ist **als Sonderzahlung in Kollektivverträgen** geregelt. Kommt kein Kollektivvertrag zur Anwendung, gibt es somit auch keinen Anspruch auf Urlaubsgeld. Die Höhe des Urlaubsgeldes hängt von der konkreten Regelung im zur Anwendung kommenden Kollektivvertrag ab, in der Regel handelt es sich um einen Monatslohn bzw ein Monatsgehalt. Auch der Zeitpunkt der Auszahlung des Urlaubsgeldes ist von den Regelungen im Kollektivvertrag abhängig. Daneben gibt es außerdem in Kollektivverträgen noch das Weihnachtsgeld als weitere Sonderzahlung.

Exkurs: Karenz

Kapitel 12

12.1 Was versteht man unter dem Begriff Karenz und haben Arbeitnehmer:innen Anspruch darauf?

Der Begriff Karenz bezeichnet die Freistellung des/der Arbeitnehmer:in von der Arbeit, **grundsätzlich ohne Fortzahlung des Entgelts**. Eine Karenz ist in der Regel mit dem Arbeitgeber zu vereinbaren, einen Rechtsanspruch auf Karenz gibt es nur in ganz bestimmten, gesetzlich vorgesehenen Fällen. Als wichtigster Fall des Karenzanspruchs ist die Elternkarenz zu nennen. Daneben besteht etwa auch ein Anspruch auf Pflegekarenz.

12.2 Was versteht man unter der Elternkarenz?

§§ 15 ff MSchG, 2 ff VKG

Die Elternkarenz kann frühestens im Anschluss an das Beschäftigungsverbot der Mutter nach der Geburt des Kindes beginnen. Ein Anspruch auf Elternkarenz besteht längstens bis zum Tag vor dem zweiten Geburtstag des Kindes – ab dem zweiten Geburtstag muss also jedenfalls wieder gearbeitet werden. Die konkret beabsichtigte Dauer der Karenz muss dem Arbeitgeber gemeldet werden. Die Karenz kann nicht nur von der Mutter in Anspruch genommen, sondern kann auch **zwischen den Elternteilen geteilt** werden (ein Teil muss zumindest zwei Monate betragen), wobei die Meldung des ersten Karenzteils (von der Mutter) innerhalb des Beschäftigungsverbots nach der Geburt bzw (vom anderen Elternteil) innerhalb von acht Wochen nach der Geburt des Kindes erfolgen muss. Darüber hinaus muss der zweite Karenzteil bis spätestens drei Monate vor Ablauf des ersten Teils an den Arbeitgeber gemeldet werden.

Nimmt nur ein Elternteil die Karenz in Anspruch, obwohl dieser Elternteil nicht alleinerziehend ist und der andere Elternteil auch Karenzanspruch hätte (also nicht etwa gerade arbeitslos oder selbstständig tätig ist), so endet die Elternkarenz bereits mit Ablauf des 22. Lebensmonats des Kindes. Darüber hinaus muss eine Karenz mit dem Arbeitgeber vereinbart werden, es besteht also kein weitergehender Rechtsanspruch auf eine Freistellung von der Arbeit.

§ 14c AVRAG

12.3 Was versteht man unter der Pflegekarenz?

Arbeitnehmer:innen, deren Arbeitsverhältnis bereits mindestens drei Monate gedauert hat, können zur Pflege eines/einer nahen Angehörigen, der/die auch Pflegegeld bezieht, mit dem Arbeitgeber Pflegekarenz im Ausmaß von einem bis zu drei Monaten vereinbaren. Wenn Arbeitgeber die Pflegekarenz ablehnen, müssen sie das schriftlich begründen. Seit 2020 besteht ein Rechtsanspruch auf die Inanspruchnahme von Pflegekarenz im Ausmaß von (vorerst) bis zu zwei Wochen, soweit der Betrieb, in dem der/die Arbeitnehmer:in arbeitet, mehr als fünf Arbeitnehmer:innen beschäftigt. Während der zwei Wochen Pflegekarenz kann eine Verlängerung mit dem Arbeitgeber vereinbart werden. Wird keine derartige Vereinbarung getroffen, besteht ein Anspruch des/der Arbeitnehmer:in auf weitere zwei Wochen Pflegekarenz. Im Rahmen der Pflegekarenz kann auch Pflegekarenzgeld bezogen werden.

§§ 14a, 14b AVRAG

12.4 Was versteht man unter der Familienhospizkarenz?

Arbeitnehmer:innen können schriftlich eine Herabsetzung bzw eine Änderung der Lage der Normalarbeitszeit oder eine Freistellung gegen Entfall des Arbeitsentgelts, zum Zwecke der **Sterbebegleitung eines/einer nahen Angehörigen** für einen bestimmten, drei Monate nicht übersteigenden Zeitraum, unter Bekanntgabe von Beginn und Dauer verlangen. Dies gilt auch dann, wenn kein gemeinsamer Haushalt mit dem nahen Angehörigen gegeben ist.

Eine solche Maßnahme kann auch für die Sterbebegleitung von

- Geschwistern,
- Schwiegereltern,
- Schwiegerkindern,
- Wahl- und Pflegeeltern und
- von leiblichen Kindern des anderen Ehegatten oder Lebensgefährten

verlangt werden. Dies bezeichnet man als „Familienhospizkarenz" bzw „Sterbebegleitung". Reichen drei Monate nicht aus, so kann eine Verlängerung der Maßnahme schriftlich verlangt werden, wobei die Gesamtdauer der Maßnahme sechs Monate nicht überschreiten darf. Die Freistellung kann frühestens fünf Tage nach Bekanntgabe bzw die Verlängerung frühestens zehn Arbeitstage nach Zugang der schriftlichen Bekanntgabe beginnen. Fällt die Sterbebegleitung weg, ist dies dem Arbeitgeber unverzüglich bekannt zu geben. Die vorzeitige Rückkehr zur ursprünglichen Normalarbeitszeit kann nach zwei Wochen nach Wegfall der Sterbebegleitung verlangt werden.

Die Karenz bzw die Veränderung der Arbeitszeit kann auch zur Begleitung von schwersterkrankten Kindern verlangt werden, in diesen Fällen zunächst für einen bestimmten, fünf Monate nicht übersteigenden Zeitraum. Bei einer Verlängerung darf die Gesamtdauer der Maßnahme neun Monate nicht überschreiten. Wurde die Maßnahme bereits voll ausgeschöpft, kann diese höchstens zweimal in der Dauer von jeweils höchstens neun Monaten verlangt werden, wenn die Maßnahme anlässlich einer weiteren medizinisch notwendigen Therapie für das schwersterkrankte Kind erfolgen soll. Insgesamt beträgt die gesamte Dauer also **maximal 27 Monate**. Im Rahmen der Familienhospizkarenz kann Pflegekarenzgeld bezogen werden.

12.5 Was versteht man unter der Bildungskarenz?

§ 11 AVRAG

Die Arbeitsvertragsparteien können eine Bildungskarenz gegen Entfall des Arbeitsentgeltes für die Dauer von mindestens zwei Monaten bis zu einem Jahr vereinbaren, sofern das Arbeitsverhältnis bereits ununterbrochen sechs Monate gedauert hat. Eine neuerliche Bildungskarenz kann frühestens nach dem Ablauf von vier Jahren ab dem Antritt der letzten Bildungskarenz (sogenannte „Rahmenfrist“) vereinbart werden. Die Inanspruchnahme der Bildungskarenz ist auch in mehreren Teilen möglich, wobei die Dauer eines Teils mindestens zwei Monate zu betragen hat und die Gesamtdauer der einzelnen Teile innerhalb der Rahmenfrist, die mit Antritt des ersten Teils der Bildungskarenz zu laufen beginnt, ein Jahr nicht überschreiten darf.

Die Bildungskarenz wird durch das **Weiterbildungsgeld** in Höhe des Arbeitslosengeldes gefördert, wobei eine Aus- bzw Weiterbildung während der Bildungskarenz absolviert und diese auch nachgewiesen werden muss.

Es besteht aber auch die Möglichkeit, eine Bildungsteilzeit im Ausmaß von vier Monaten bis zu zwei Jahren zu vereinbaren und somit Weiterbildungsmaßnahmen im aufrechten Arbeitsverhältnis zu absolvieren, ohne dieses vollständig zu karenzieren.

12.6 Welche Arten der Freistellung von der Arbeit unter Fortzahlung des Entgelts gibt es sonst noch?

§§ 1154b Abs 5 ABGB, 8 Abs 3 AngG

Die Bestimmungen des § 1154b Abs 5 ABGB (für Arbeiter:innen) bzw § 8 Abs 3 AngG (für Angestellte) sehen einen Entgeltfortzahlungsanspruch für Arbeitnehmer:innen vor, die ohne ihr Verschulden für eine verhältnismäßig kurze Zeit an der Erbringung der Dienstleistung gehindert sind. Die §§ 1154b Abs 5 ABGB bzw 8 Abs 3 AngG regeln somit Fälle der **Dienstverhinderung aus „sonstigen“ Gründen** – also abseits von Unfall oder Krankheit. Eine Dienstverhinderung ohne Verschulden des/der Arbeitnehmer:in kann sowohl in einer Unfähigkeit zur Leistungserbringung als auch in einer Unzumutbarkeit der Leistungserbringung aufgrund anderer, als höherwertig einzustufender Verpflichtungen liegen. So bildet etwa starker Schneefall, der ein Erreichen des Arbeitsortes verunmöglicht, ebenso einen Verhinderungsgrund wie die Teilnahme am Begräbnis eines/einer nahen Angehörigen oder die notwendige Anwesenheit des/der Arbeitnehmer:in in der eigenen Wohnung während der Behebung einer technischen Störung.

Jedes Verschulden des/der Arbeitnehmer:in (somit auch leichte Fahrlässigkeit) schließt eine Entgeltfortzahlung jedoch aus. Arbeitnehmer:innen müssen alles Zumutbare unternehmen, um die Dienstverhinderung abzuwenden oder diese zumindest so kurz wie möglich zu halten. Was die Dauer der Entgeltfortzahlung betrifft, so beträgt diese nach dem Gesetz nun „eine verhältnismäßig kurze Zeit" – bis vor wenigen Jahren war die Dauer der Entgeltfortzahlung noch mit einer Woche beschränkt, diese Beschränkung ist nun weggefallen, was bedeutet, dass die Entgeltfortzahlung im Einzelfall auch länger dauern kann.

§§ 1154b Abs 6 ABGB, 8 Abs 3a AngG

12.7 Besteht die Möglichkeit einer Freistellung von der Arbeit zur Unterstützung eines Einsatzes zur Katastrophenhilfe?

Ist ein/eine Arbeitnehmer:in wegen eines Einsatzes als freiwilliges Mitglied einer Katastrophenhilfsorganisation, eines Rettungsdienstes oder einer freiwilligen Feuerwehr bei einem Großschadensereignis an der Arbeitsleistung verhindert, so besteht Anspruch auf Fortzahlung des Entgelts, wenn das Ausmaß und die Lage der Dienstfreistellung mit dem Arbeitgeber vereinbart werden. Ein **Großschadensereignis** liegt vor, wenn während eines durchgehenden Zeitraumes von zumindest acht Stunden insgesamt mehr als 100 Personen notwendig im Einsatz sind, wobei der Einsatz auf ein singuläres Ereignis zurückzuführen sein muss. Mehrere (kausal) voneinander unabhängige Ereignisse gelten auch dann nicht als Großschadensereignis, wenn sie sich zur selben Zeit ereignen. Auch Bergrettungseinsätze fallen unter diese Bestimmung.

Damit Anspruch auf Entgeltfortzahlung besteht, muss die Teilnahme am Katastrophenhilfs- oder Rettungseinsatz hinsichtlich Lage und Ausmaß der Freistellung jedoch mit dem Arbeitgeber vereinbart werden. Geschieht dies nicht oder ist das Ereignis nicht als Großschadensereignis anzusehen, besteht kein Anspruch auf Entgeltfortzahlung gegenüber dem Arbeitgeber.

Aufzeichnungen zum Urlaub

Kapitel 13

13.1 Wen trifft die Pflicht, Aufzeichnungen zum Urlaub der Arbeitnehmer:innen zu führen?

Die Pflicht, Urlaubsaufzeichnungen zu führen, trifft stets den Arbeitgeber im Hinblick auf die von ihm beschäftigten Arbeitnehmer:innen.

13.2 Welche Aufzeichnungen müssen Arbeitgeber im Zusammenhang mit dem Urlaub führen und was haben die Aufzeichnungen zu enthalten?

§ 8 UrlG

Das Urlaubsgesetz verpflichtet Arbeitgeber zur Führung von Urlaubsaufzeichnungen. Dies bedeutet jedoch nicht, dass Arbeitgeber „eigene Urlaubsaufzeichnungen", im Sinne von Dokumenten mit diesem Namen, führen müssen – es ist ausreichend und die Aufzeichnungspflichten des Arbeitgebers sind auch dann erfüllt, wenn die vom Urlaubsgesetz geforderten Angaben aus anderen Aufzeichnungen, die der Arbeitgeber ohnehin aufgrund anderer Verpflichtungen führt, ersichtlich sind. Die Urlaubsaufzeichnungen müssen **schriftlich**, können aber auch in elektronischer Form geführt werden, soweit sie inhaltlich die Vorgaben des Urlaubsgesetz erfüllen.

Jedenfalls haben die Aufzeichnungen den Zeitpunkt des Dienstantritts des/der Arbeitnehmer:in, die angerechneten Dienstzeiten und die Dauer des dem/der Arbeitnehmer:in zustehenden Urlaubs zu enthalten. Weiters sind die Zeit, in welcher der/die Arbeitnehmer:in Urlaub genommen hat, sowie das Entgelt, das der/die Arbeitnehmer:in für die Dauer des Urlaubs erhalten hat und der Zeitpunkt der Auszahlung aufzuzeichnen. Wenn das Urlaubsjahr nicht nach dem Arbeitsjahr berechnet wird, sind auch der Zeitpunkt, ab dem die Umstellung gilt und die Norm, aufgrund der die Umstellung erfolgt ist sowie das Ausmaß der dem/der Arbeitnehmer:in für den Umstellungszeitraum gebührenden Urlaubsansprüche und der Zeitraum, in dem dieser Urlaub verbraucht wurde, zu dokumentieren.

13.3 Warum müssen Arbeitgeber überhaupt Aufzeichnungen über den Urlaub der Arbeitnehmer:innen führen?

Durch die Pflicht zur Führung von Urlaubsaufzeichnungen soll vor allem die **Kontrolle der Einhaltung der gesetzlichen Bestimmungen** erleichtert werden. Betriebsrat und Arbeitsinspektion sollen also die Möglichkeit haben, leichter nachzuvollziehen und zu überprüfen, ob der Urlaub im Unternehmen in jener Weise gewährt wird, wie es das Gesetz vorschreibt.

Die Pflicht des Arbeitgebers zur Führung von Urlaubsaufzeichnungen erfüllt also eine wichtige Funktion beim Schutz der Rechte von Arbeitnehmer:innen. Außerdem können sie bei Streitigkeiten über den Urlaub zwischen Arbeitgeber und Arbeitnehmer:in vor Gericht als Beweismittel dienen.

13.4 Kann der Arbeitgeber die Führung von Urlaubsaufzeichnungen auch an die Arbeitnehmer:innen delegieren?

Eine Übertragung des Führens von Urlaubsaufzeichnungen auf die Arbeitnehmer:innen ist – anders als etwa bei Arbeitszeitaufzeichnungen (§ 26 AZG) – nicht möglich. **Die Pflicht, Urlaubsaufzeichnungen zu führen, trifft stets den Arbeitgeber.**

§§ 89 Z 1 ArbVG, 8 Abs 1 ArbIG

13.5 Wem müssen Arbeitgeber Einsicht in die Aufzeichnungen über den Urlaub gewähren?

Der Betriebsrat muss die Möglichkeit haben, in die Urlaubsaufzeichnungen Einsicht zu nehmen und ihre Richtigkeit zu überprüfen. Auch die Arbeitsinspektion muss Kontrollen der Aufzeichnungen durchführen können. Selbstverständlich hat auch jeder/jede einzelne Arbeitnehmer:in das Recht, in die ihn/sie selbst betreffenden Aufzeichnungen **Einsicht** zu nehmen.

§§ 89 Z 1 ArbVG, 7 Abs 5 ArbIG

13.6 Wem müssen Arbeitgeber Auskunft über die Berechnung des Urlaubsentgelts erteilen?

Auf ihr jeweiliges Verlangen hin ist sowohl dem Betriebsrat als auch der Arbeitsinspektion Auskunft über die Berechnung des Urlaubsentgelts zu erteilen.

13.7 Kann der/die Arbeitnehmer:in bestimmte Eintragungen in die Urlaubsaufzeichnungen verlangen, wenn er/sie der Ansicht ist, dass die Aufzeichnungen fehlerhaft sind?

Den vom Arbeitgeber zu führenden Aufzeichnungen kommt **keine konstitutive Wirkung** zu. Sind sie fehlerhaft oder unvollständig, bedeutet das also nicht, dass deshalb dem/der Arbeitnehmer:in weniger Urlaub zusteht. Der/die einzelne Arbeitnehmer:in hat daher auch kein subjektives Recht auf bestimmte Eintragungen. Jedoch kann der/die Arbeitnehmer:in wohl auf datenschutzrechtlichem Wege eine Berichtigung bzw Vervollständigung der ihn/sie betreffenden Daten erwirken. Ist der/die Arbeitnehmer:in der Ansicht, ihm/ihr werde aufgrund fehlerhafter Urlaubsaufzeichnungen zu wenig Urlaub gewährt, so kann das Recht auf Gewährung des Urlaubs letztlich auch vor dem Arbeitsgericht geltend gemacht werden – unabhängig vom Inhalt der Aufzeichnungen.

13.8 Welche Strafen drohen Arbeitgebern, die der Aufzeichnungspflicht nicht ordnungsgemäß nachkommen?

§ 13 UrlG

Kommen Arbeitgeber ihrer Pflicht zur Urlaubsaufzeichnung nicht vollständig und ordnungsgemäß nach, können sie mit einer Geldstrafe in der Höhe von bis zu **218 EUR** bestraft werden, sofern die Tat nicht nach anderen Vorschriften einer strengeren Strafe unterliegt. In der Tat erscheint die im Urlaubsgesetz vorgesehene maximale Strafdrohung von **218 EUR** äußerst niedrig und daher wohl kaum geeignet, ein rechtskonformes Verhalten von Arbeitgebern sicherzustellen.

13.9 Was, wenn Arbeitgeber den Behörden keine Einsicht in Urlaubsaufzeichnungen gewähren?

§ 24 Abs 2 Z 2 lit c ArbIG

Der Arbeitsinspektion und ihren Vertreter:innen ist Einsicht in die Aufzeichnungen des Arbeitgebers zu gewähren. Wird die Einsicht verweigert, so droht eine Geldstrafe von **41 EUR** bis zu **4.140 EUR**, im **Wiederholungsfall** von **83 EUR** bis **4.140 EUR**. Auch in diesem Fall erscheinen die gesetzlich festgelegten Strafdrohungen – insbesondere hinsichtlich ihrer Untergrenzen – sehr niedrig.

Ansprüche bei Beendigung des Arbeitsverhältnisses

Kapitel 14

14.1 Was passiert mit dem Resturlaub, wenn das Arbeitsverhältnis beendet wird?

§ 10 Abs 1 UrlG

Grundsätzlich kann der Resturlaub bis zum Ende des Arbeitsverhältnisses, also auch während der Kündigungsfrist, vereinbart werden, wenn der Zeitpunkt des Urlaubsantritts und die Dauer des Urlaubs einvernehmlich zwischen Arbeitgeber und Arbeitnehmer:in festgelegt werden. Verbleiben bei Beendigung des Arbeitsverhältnisses noch Urlaubstage, so hat der Arbeitnehmer für diese Tage **Anspruch auf Urlaubsersatzleistung**.

14.2 Muss noch bestehender Urlaub während der Kündigungsfrist in natura verbraucht werden?

Grundsätzlich muss die Urlaubsvereinbarung einvernehmlich zwischen Arbeitnehmer:in und Arbeitgeber getroffen werden. Der/die Arbeitnehmer:in kann nicht einseitig zum Urlaubsverbrauch verpflichtet werden. Die einseitige Anordnung des Arbeitgebers, den Urlaub während der Kündigungsfrist oder während der Dienstfreistellung zu verbrauchen, stellt keine einvernehmliche Urlaubsvereinbarung dar. Auch wenn der Arbeitgeber den/die Arbeitnehmer:in vom Dienst freistellt, kann der Urlaub nicht während der Dienstfreistellung angeordnet werden. Der einseitig angeordnete Urlaubsverbrauch während der Kündigungsfrist bzw während der Dienstfreistellung ist daher rechtswidrig und der/die gekündigte Arbeitnehmer:in hat Anspruch auf Urlaubsersatzleistung.

14.3 Was sind Postensuchtage?

Postensuchtage sind keine Urlaubstage. Wird ein/e Arbeitnehmer:in vom Arbeitgeber gekündigt, so steht dem/der Arbeitnehmer:in während der Kündigungsfrist Freizeit ohne Schmälerung des Entgelts zu. Hintergrund dieser Bestimmung ist, dass der/die Arbeitnehmer:in die zeitliche Möglichkeit bekommen soll, sich einen neuen Arbeitsplatz zu suchen.

Postensuchtage stehen aber nur bei Kündigung des Arbeitgebers zu und müssen von dem/der Arbeitnehmer:in aktiv verlangt werden. Postensuchtage stehen in jeder Woche der Kündigungsfrist im Ausmaß von mindestens einem Fünftel der regelmäßigen wöchentlichen Arbeitszeit zu (bei einem 40-Stunden-Arbeitsverhältnis sind dies 8 Stunden pro Woche), wobei durch Kollektivvertrag abweichende Regelungen getroffen werden können.

Wird während der Kündigungsfrist Urlaub vereinbart, sind die Postensuchtage zu berücksichtigen. Wird zB bei einer Fünf-Tage-Woche Urlaub von Montag bis Freitag vereinbart, so entfällt für diese Woche die Postensuchzeit. In diesem Fall wäre es sinnvoller, für Montag den Postensuchtag und für Dienstag bis Freitag Urlaub zu vereinbaren.

14.4 Wie wird der Resturlaub für das laufende Urlaubsjahr berechnet?

Zur Berechnung des aliquoten Urlaubsanspruchs für das laufende Urlaubsjahr ist der Jahresurlaubsanspruch des/der Arbeitnehmer:in durch die Kalendertage des Jahres zu teilen. Diese Zahl ist dann mit den Kalendertagen zu multiplizieren, die im Urlaubsjahr bis zur Beendigung des Arbeitsverhältnisses vergangen sind. Wurden in diesem Jahr bereits Urlaubstage konsumiert, sind diese abzuziehen.

Beispiel:
Frau Z hat ihr Arbeitsverhältnis am 1.1.2023 begonnen und wird zum 30.6.2024 gekündigt. Im Jahr 2023 hat sie 3 Wochen (18 Werktage) Urlaub genommen. Im Jahr 2024 wird nur eine Woche (6 Werktage) Urlaub bis zur Beendigung des Arbeitsverhältnisses aufgebraucht. Frau Z hat einen Urlaubsanspruch von 30 Werktagen pro Urlaubsjahr. Der offene Urlaub aus dem Jahr 2023 wird vollständig angerechnet. Das bedeutet, dass Frau Z für das Jahr 2023 noch 12 Werktage (30 - 18) als Urlaubsersatzleistung zustehen. Für das Jahr 2024, in dem das Arbeitsverhältnis endet, ist der Urlaubsanspruch zu aliquotieren. Dazu ist der volle Urlaubsanspruch von 30 Werktagen für das Jahr 2024 durch die Kalendertage des Jahres (366, da Schaltjahr) zu dividieren und ergibt gerundet 0,082. Diese Zahl ist mit den im laufenden Urlaubsjahr zurückgelegten Kalendertagen (181) zu multiplizieren. Dies ergibt 14,84 Werktage Urlaub für das Jahr 2024. Da in diesem Jahr bereits 6 Urlaubstage genommen wurden, sind diese von den 14,84 Werktagen abzuziehen. Im Ergebnis stehen Frau Z 8,84 Urlaubstage für das Jahr 2024 und 12 Urlaubstage für das Jahr 2023, also insgesamt 20,84 Urlaubstage zu, für die eine Urlaubsersatzleistung durch den Arbeitgeber zu zahlen ist.

LINKTIPP:

Für Vollzeitbeschäftigte steht auch ein Online-Resturlaubsrechner der Arbeiterkammern zur Verfügung:

https://resturlaub.arbeiterkammer.at/

14.5 In welcher Höhe ist die Urlaubsersatzleistung auszubezahlen?

Der Urlaub wird nur für das laufende Urlaubsjahr abgegolten. Der Resturlaubsanspruch ist in voller Höhe auszuzahlen. Die Urlaubsersatzleistung richtet sich nach den zum Zeitpunkt der Beendigung des Arbeitsverhältnisses nicht verbrauchten Urlaubstagen und der Höhe des Einkommens einschließlich der Sonderzahlungen (Urlaubszuschuss/Weihnachtsremuneration). Das Einkommen, das für die Berechnung der Urlaubsersatzleistung herangezogen wird, umfasst jedoch nicht nur den Monatslohn bzw das Monatsgehalt. Auch regelmäßig wiederkehrende Entgeltbestandteile wie zB regelmäßig geleistete Überstunden, aber auch Zulagen und Zuschläge sind zu berücksichtigen.

Die Formel für die Berechnung der Urlaubsersatzleistung lautet: Monatsentgelt + regelmäßige Entgeltbestandteile (zB Überstunden) + 1/12 Urlaubszuschuss + 1/12 Weihnachtsremuneration. Diese Summe wird bei Berechnung des Urlaubs in Werktagen durch 26 (bei einer Fünf-Tage-Woche durch 22) dividiert und anschließend mit der Anzahl der Urlaubstage, für die eine Urlaubsersatzleistung gebührt, multipliziert.

Beispiel:
Ein/e Arbeitnehmer:in verdient im Monat als Grundgehalt 2.400 Euro und leistet regelmäßig Überstunden im Wert von 100 Euro. Sein Dienstverhältnis wird beendet und es steht ihm eine Urlaubsersatzleistung in der Höhe von 20 Werktagen Urlaub zu. Wie hoch ist diese?

Das für die Berechnung maßgebliche Monatsentgelt beträgt 2.500 Euro, da auch regelmäßige Entgeltbestandteile dem Grundentgelt zuzurechnen sind. Urlaubs- und Weihnachtsgeld sind jeweils mit 1/12 zu berücksichtigen. Ein 1/12 des Grundgehalts von 2.400 Euro beträgt 200 Euro. Somit sind 400 Euro (200 Euro Urlaubsgeld und 200 Euro Weihnachtsgeld) dem Monatsgehalt von 2.500 Euro hinzuzurechnen. Diese 2.900 Euro sind dann durch 26 zu teilen, da der Urlaub in Werktagen berechnet wird. Dies ergibt 111,54. Diese Zahl ist mit den noch offenen 20 Urlaubstagen zu multiplizieren (111,54 x 20). Der Arbeitnehmer hat somit Anspruch auf eine Urlaubsersatzleistung in Höhe von 2.230,80 Euro.

Beispiel:
Mein Arbeitsverhältnis endet am 30. September 2024 und ich habe von meinen 30 Werktagen für das laufende Urlaubsjahr noch keinen Urlaubstag genommen. Soll ich mir den Urlaub auszahlen lassen oder ihn vor Ende des Arbeitsverhältnisses nehmen?

Da für das laufende Urlaubsjahr ein voller Urlaubsanspruch von 30 Tagen besteht, kann auch vor Beendigung des Arbeitsverhältnisses ein

Urlaub von jeweils 30 Tagen vereinbart werden. Zu beachten ist jedoch, dass eine Urlaubsvereinbarung nur einvernehmlich zwischen Arbeitgeber und Arbeitnehmer:in getroffen werden kann. Daher ist es bei entsprechender Vereinbarung möglich, die vollen 30 Werktage auch vor Beendigung des Arbeitsverhältnisses zu verbrauchen. Wird hingegen kein Urlaub konsumiert und stattdessen eine Urlaubsersatzleistung ausbezahlt, werden die Urlaubstage aliquotiert. Das bedeutet, dass bei Beendigung des Arbeitsverhältnisses aufgrund der Aliquotierung noch 22,38 Urlaubstage verbleiben, für die eine Urlaubsersatzleistung gebührt [(30 x 273)/366]. Zu beachten ist jedoch, dass bei einer Urlaubsersatzleistung das Arbeitslosengeld ruht, dh für mehr als die Dauer der Urlaubstage gebührt kein Arbeitslosengeld. In diesem Fall verlängert sich die Versicherungspflicht in der Sozialversicherung, die zum Ruhen des Arbeitslosengeldes führt, über das Ende des Arbeitsverhältnisses hinaus. Für je 6 Werktage Urlaubsersatzleistung ist ein weiterer Tag hinzuzurechnen. Im Beispiel verlängert sich daher die Pflichtversicherung um 25 Kalendertage (22/6=3,66; es werden aber nur ganze Tage gezählt, daher 3 Tage). Auch wenn also das Arbeitsverhältnis am 30. September endet, verlängert sich die Pflichtversicherung bei Auszahlung der Urlaubsersatzleistung bis zum 25. Oktober.

§ 10 Abs 3 UrlG

14.6 Was versteht man unter dem Begriff Urlaubsersatzleistung?

Bei Beendigung des Arbeitsverhältnisses hat der/die Arbeitnehmer:in Anspruch auf Abgeltung des nicht genommenen Urlaubs. Diese Entschädigung wird als **Urlaubsersatzleistung** bezeichnet. Die Urlaubsersatzleistung für den nicht genommenen Urlaub des laufenden Jahres wird anteilig berechnet, dh sie richtet sich nach der Dauer der Beschäftigung in diesem Jahr. Offener, nicht verjährter Urlaub aus den Vorjahren ist in voller Höhe auszuzahlen.

14.7 Wann ist die Urlaubsersatzleistung auszubezahlen?

Eine Auszahlung der Urlaubsersatzleistung kommt **nur zum Ende des Arbeitsverhältnisses** in Frage, soweit der Verbrauch des Urlaubs in natura nicht möglich ist. Andernfalls – bei Auszahlung der Urlaubsersatzleistung während des aufrechten Arbeitsverhältnisses anstelle des Konsums von Urlaub – wird gegen das Ablöseverbot verstoßen.

14.8 Darf die Urlaubsersatzleistung auch während des aufrechten Arbeitsverhältnisses ausbezahlt werden?

§ 7 UrlG

Nur bei der Beendigung des Arbeitsverhältnisses kommt eine Auszahlung der Urlaubsersatzleistung in Betracht. Während des aufrechten Arbeitsverhältnisses wäre eine Auszahlung der Urlaubsersatzleistung als **verbotene Urlaubsablöse** anzusehen und nur ein Verbrauch des Urlaubs in natura kommt in Betracht. Auch eine Auszahlung anlässlich des Beginns der (Eltern-)Karenz ist nicht zulässig, da in einem solchen Fall das Arbeitsverhältnis nicht beendet wird.

14.9 Wem steht die Urlaubsersatzleistung zu, wenn der/die Arbeitnehmer:in verstirbt?

Endet das Arbeitsverhältnis durch den Tod des/der Arbeitnehmer:in, so fällt die Urlaubsersatzleistung unmittelbar den Erben des/der Arbeitnehmer:in zu. Die Urlaubsersatzleistung gelangt also nicht wie andere Vermögenswerte in die Verlassenschaft, sondern wird unmittelbar an die Erben ausbezahlt.

14.10 Was ist zu beachten, wenn die Urlaubsersatzleistung ausbezahlt wird?

Zu beachten ist, dass die Pflichtversicherung in der Sozialversicherung auch nach Beendigung des Arbeitsverhältnisses fortbesteht. Dies bedeutet unter anderem, dass für diese Verlängerung kein Arbeitslosengeld bezogen werden kann. Die Dauer der Verlängerung der Pflichtversicherung richtet sich nach der Anzahl der Urlaubstage, für die eine Urlaubsersatzleistung zusteht. Für je 6 Werktage Urlaubsersatzleistung ist ein Tag hinzuzurechnen – bei Urlaubsberechnung nach Arbeitstagen in einer Fünftagewoche sind je zwei Tage hinzuzurechnen. Für je 6 Werktage Urlaubsersatzleistung verlängert sich die Pflichtversicherung somit um 7 Kalendertage über das arbeitsrechtliche Ende des Arbeitsverhältnisses hinaus. Die Anzahl der Urlaubstage ist stets abzurunden, wobei Bruchteile von Tagen im Endergebnis unberücksichtigt bleiben. Hat also ein/eine Arbeitnehmer:in Anspruch auf eine Urlaubsersatzleistung in Höhe von 26,99 Werktage, so wird für die Berechnung der Pflichtversicherung auf die Zahl 26 abgerundet. Diese wird durch 6 geteilt und ergibt 4,33 Tage. Da nur ganze Tage berücksichtigt werden, kommen zu den 26 Tagen der Urlaubsersatzleistung noch 4 Tage hinzu, um die sich die Pflichtversicherung verlängert.

§ 10 Abs 2 UrlG

14.11 Kann es auch dazu kommen, dass ich eine geringere Urlaubsersatzleistung bekomme?

Ja. Aber Voraussetzung ist, dass der/die Arbeitnehmer:in unberechtigt vorzeitig Austritt. Grundsätzlich hat der/die Arbeitnehmer:in in bestimmten Fällen das Recht, das Arbeitsverhältnis ohne Einhaltung einer Kündigungsfrist sofort zu beenden. Dies wird als **vorzeitiger Austritt** bezeichnet. Gründe für einen vorzeitigen Austritt sind, wenn der Arbeitnehmer mit wesentlichen Entgeltbestandteilen im Rückstand ist oder wenn die Arbeit nur unter Eintritt oder Gefahr eines gesundheitlichen Schadens fortgesetzt werden kann. Vor einem vorzeitigen Austritt sollte jedoch in jedem Fall die zuständige Gewerkschaft kontaktiert werden. Liegt nämlich kein Grund für einen vorzeitigen Austritt vor und ist dieser somit unberechtigt, so hat dies auch Auswirkungen auf die dem/der Arbeitnehmer:in bei Beendigung des Arbeitsverhältnisses zustehenden Ansprüche.

Ein unberechtigter vorzeitiger Austritt liegt zB auch dann vor, wenn ein neues Arbeitsverhältnis sofort anzutreten ist und der/die Arbeitnehmer:in ohne Einhaltung der Kündigungsfrist bzw des Kündigungstermins austritt. Bei einem unberechtigten vorzeitigen Austritt besteht seit 1.11.2022 aufgrund einer Rechtsanpassung an ein Urteil des Europäischen Gerichtshofes kein Anspruch auf Urlaubsersatzleistung für die fünfte und sechste Urlaubswoche des laufenden Urlaubsjahres. Hintergrund ist, dass europarechtlich ein Mindesturlaub von vier Wochen vorgesehen ist und für diese vier Wochen Urlaub jedenfalls eine Urlaubsersatzleistung zusteht, unabhängig von der Art der Beendigung des Dienstverhältnisses.

Beispiel:
Arbeitnehmer A tritt am 1. Jänner 2024 in das Arbeitsverhältnis ein und beendet dieses durch unberechtigten vorzeitigen Austritt am 15. August 2024. Von den ihm zustehenden 30 Werktagen Urlaub (5 Wochen) wurden nur 3 Werktage (½ Woche) verbraucht und somit sind noch 27 Urlaubstage offen. Für wie viele Urlaubstage hat der Arbeitnehmer Anspruch auf Urlaubsersatzleistung?

Aufgrund des unberechtigten vorzeitigen Austrittes wird der Urlaubsersatzleistung der unionsrechtliche Urlaubsanspruch von 4 Wochen (25 Werktage) zugrunde gelegt. Das Arbeitsverhältnis hat im laufenden Urlaubsjahr 227 Tage (1.1. bis 15.8.) gedauert und ist daher zu aliquotieren. Normalerweise wäre der volle Urlaubsanspruch von 27 Arbeitstagen für die Berechnung heranzuziehen. Da aber ein unberechtigter vorzeitiger Austritt vorliegt, werden hier nur die 4 Wochen (25 Arbeitstage) zur Berechnung herangezogen. Daher ist wie folgt vorzugehen.

25 Urlaubstage multipliziert mit 227 (entspricht den zurückgelegten Tagen im Kalenderjahr). Diese Zahl wird durch die Kalendertage des Jahres 366 (Schaltjahr) geteilt und ergibt 15,51 Urlaubstage, von denen noch die 3 verbrauchten Urlaubstage abzuziehen sind. Arbeitnehmer A hat somit Anspruch auf Urlaubsersatzleistung für 12,51 Tage.

14.12 Kann es auch passieren, dass ich zu viel verbrauchten Jahresurlaub zurückzahlen muss?

§ 10 Abs 1 Z 1 und Z 2 UrlG

Hat ein/eine Arbeitnehmer:in mehr Urlaub in Anspruch genommen, als ihm/ihr nach der Aliquotierung zustehen würde, so können die zu viel in Anspruch genommenen Urlaubstage grundsätzlich **nicht zurückgefordert** werden.

Eine **Ausnahme** besteht jedoch, wenn das Arbeitsverhältnis durch unberechtigten vorzeitigen Austritt oder verschuldete Entlassung beendet wurde. In diesem Fall sind die zu viel genommenen Urlaubstage zurückzuzahlen. Dies bedeutet jedoch, dass bei

- Arbeitgeberkündigung,
- Arbeitnehmer:innenkündigung,
- ungerechtfertigter Entlassung,
- berechtigtem vorzeitigem Austritt,
- einvernehmlicher Auflösung sowie bei
- Ablauf eines befristeten Arbeitsverhältnisses

keine Rückzahlung zu erfolgen hat. Wurde das Arbeitsverhältnis aufgrund einer gerechtfertigten Entlassung beendet und hatte der/die Arbeitnehmer:in aufgrund der Aliquotierung Anspruch auf 15 Urlaubstage, hat aber in diesem Jahr bereits 21 Urlaubstage aus dem Jahreskontingent verbraucht, so ist dem Arbeitgeber der Betrag für 6 Urlaubstage rückzuerstatten.

14.13 Gibt es Zusatzurlaub für gewisse Tätigkeiten?

§ 10a UrlG

Leistet ein/eine Arbeitnehmer:in Nachtschwerarbeit in einem gewissen Umfang pro Jahr, dann erhöht sich der jährliche Urlaubsanspruch.

Art VII NSchG

14.14 Wann liegt Nachtschwerarbeit vor?

Nach dem Nachtschwerarbeitsgesetz liegt Nachtschwerarbeit vor, wenn ein/eine Arbeitnehmer:in in der Zeit zwischen 22 Uhr und 6 Uhr mindestens 6 Stunden arbeitet und in diese Arbeitszeit nicht regelmäßig und in erheblichem Umfang Arbeitsbereitschaft fällt. Zusätzlich müssen in dieser Zeit bestimmte Arbeiten ausgeführt werden, damit Nachtarbeit vorliegt. Dies sind zB

- Arbeiten in Bergwerken, die überwiegend unter Tage durchgeführt werden,
- Arbeiten bei besonderer Hitze,
- Arbeiten in Kühlräumen,
- Arbeiten bei starkem Lärm,
- Arbeiten bei Erschütterungen,
- Arbeiten mit Atemschutzgeräten von mindestens vier Stunden.

Das Gesetz sieht darüber hinaus noch weitere Arbeiten vor, die als Nachtschwerarbeit gelten.

Detaillierte Informationen bezüglich Nachtschwerarbeit bzw Zusatzurlaub sind bei der zuständigen Gewerkschaft erhältlich.

§ 10a UrlG

14.15 Wie viele zusätzliche Urlaubstage stehen Arbeitnehmer:innen bei Nachtschwerarbeit zu?

Der/die Arbeitnehmer:in hat Anspruch auf Zusatzurlaub im Ausmaß von zwei Werktagen, wenn er/sie entweder im Arbeitsjahr mindestens 50-mal Nachtschwerarbeit leistet oder im betreffenden Arbeitsjahr mindestens 40-mal Nachtschwerarbeit leistet und zusammen in diesem und im unmittelbar vorangegangen Urlaubsjahr insgesamt 100-mal Nachtschwerarbeit geleistet hat. Der Anspruch auf Zusatzurlaub erhöht sich auf vier Werktage, wenn der/die Dienstnehmer:in fünf Jahre bzw erhöht sich auf sechs Werktage, wenn der/die Dienstnehmer:in 15 Jahre Nachtschwerarbeit geleistet hat. Hat ein/eine Dienstnehmer:in zusätzlich dazu noch mindestens weitere 50-male Nachtschwerarbeit geleistet, gebührt ein weiterer zusätzlicher Urlaubstag.

Pflegefrei-
stellung

Kapitel 15

15.1 Was versteht man unter der Pflegefreistellung?

§ 16 UrlG

Erkranken nahe Angehörige und müssen diese vom/von der Arbeitnehmer:in gepflegt werden, so hat der/die Arbeitnehmer:in unter bestimmten Voraussetzungen Anspruch auf Freistellung von der Arbeit unter Fortzahlung des Entgelts. Das wird im Gesetz als **Pflegefreistellung** bezeichnet. Gleiches gilt, wenn ein (auch gesundes) Kind betreut oder bei einem Spitalsaufenthalt begleitet werden muss.

15.2 Wer kann Pflegefreistellung in Anspruch nehmen?

Pflegefreistellung kann von Arbeitnehmer:innen „aller Art, deren Arbeitsverhältnis auf einem privatrechtlichen Vertrag beruht" (§ 15 Abs 1 UrlG) in Anspruch genommen werden. Ausgenommen sind – wie beim Urlaub –

- land- und forstwirtschaftliche Arbeiter:innen, auf deren Arbeitsverhältnisse das Landarbeitsgesetz anzuwenden ist,
- Heimarbeiter:innen,
- Personen mit Arbeitsverhältnissen zu Bund, Ländern, Gemeinden sowie
- Personen mit Arbeitsverhältnissen zu Stiftungen, Anstalten oder Fonds, auf die das Vertragsbedienstetengesetz sinngemäß anzuwenden ist.

Jedoch finden sich für diese Berufsgruppen in anderen Gesetzen abseits des Urlaubsgesetzes Regelungen über die Pflegefreistellung.

15.3 Wann kann bezahlte (Pflege-)Freistellung in Anspruch genommen werden?

§ 16 Abs 1 UrlG

Im Urlaubsrecht sind Freistellungsansprüche unter Fortzahlung des Entgelts in drei ähnlich gelagerten Fällen vorgesehen, wobei alle davon in § 16 UrlG geregelt sind, der mit dem Titel „Pflegefreistellung" überschrieben ist:

- **Pflegefreistellung (im engeren Sinn)**: Der/die Arbeitnehmer:in hat Anspruch auf Freistellung von der Arbeit unter Fortzahlung des Entgelts wegen der Erkrankung und notwendigen Pflege eines/einer nahen Angehörigen, wobei der/die nahe Angehörige nicht zwingend im selben Haushalt leben muss.
- **Betreuungsfreistellung**: Der/die Arbeitnehmer:in hat Anspruch auf Freistellung von der Arbeit unter Fortzahlung des Entgelts wegen der notwendigen Betreuung des eigenen Kindes (Wahl- oder Pflegekindes) oder eines im gemeinsamen Haushalt lebenden leiblichen Kindes des/der anderen Ehegatt:in, des/der eingetragenen Partner:in

oder Lebensgefährt:in infolge eines Ausfalls einer Person, die das Kind ständig betreut hat, aus bestimmten Gründen, zB aufgrund schwerer Krankheit, Spitalsaufenthalt oder Tod.

- **Begleitungsfreistellung:** Der/die Arbeitnehmer:in hat Anspruch auf Freistellung von der Arbeit unter Fortzahlung des Entgelts wegen der Begleitung des eigenen erkrankten Kindes (Wahl- oder Pflegekindes) oder eines im gemeinsamen Haushalt lebenden leiblichen Kindes des anderen Ehegatt:in, des/der eingetragenen Partner:in oder Lebensgefährt:in bei einem stationären Aufenthalt in einer Heil- und Pflegeanstalt, sofern das Kind das zehnte Lebensjahr noch nicht vollendet hat.

15.4 Besteht ein Anspruch auf Pflegefreistellung schon zu Beginn des Arbeitsverhältnisses in vollem Umfang?

Bereits ab dem ersten Tag des Arbeitsverhältnisses können Arbeitnehmer:innen bei Vorliegen der Voraussetzungen Pflegefreistellung in vollem Umfang von einem wöchentlichen Arbeitszeitausmaß pro Arbeitsjahr in Anspruch nehmen. Es kommt also nicht zu einer aliquoten Entstehung des Anspruchs auf Pflegefreistellung, wie das im Hinblick auf das Urlaubsausmaß der Fall ist.

15.5 Welche Personen fallen im Zusammenhang mit der Pflegefreistellung unter den Begriff „nahe Angehörige"?

Im Zusammenhang mit der Pflegefreistellung sind nahe Angehörige der/die Ehegatt:in, der/die eingetragene Partner:in, Personen, mit dem/der Arbeitnehmer:in in gerader Linie verwandt sind – darunter fallen zB Kinder, Enkelkinder, Eltern, Großeltern –, weiters Wahl- und Pflegekinder, im gemeinsamen Haushalt lebende leibliche Kinder des/der anderen Ehegatt:in oder des/der eingetragenen Partner:in oder Lebensgefährt:in sowie die Person, mit der der/die Arbeitnehmer:in in einer Lebensgemeinschaft lebt.

15.6 Muss dem Arbeitgeber mitgeteilt werden, dass Pflegefreistellung in Anspruch genommen wird?

Dem Arbeitgeber ist **ohne Verzug** und schnellstmöglich mitzuteilen, dass ein/eine nahe:r Angehörige:r zu pflegen ist und daher Pflegekarenz in Anspruch genommen wird.

15.7 Muss die Pflegebedürftigkeit des/der nahen Angehörigen dem Arbeitgeber nachgewiesen werden?

Der/die Arbeitnehmer:in muss nachweislich an der Erbringung der Arbeitsleistung gehindert sein. Dem Arbeitgeber ist also jedenfalls ohne Verzug mitzuteilen, dass Pflegefreistellung in Anspruch genommen wird. Die Pflegebedürftigkeit ist auf Aufforderung durch den Arbeitgeber diesem auch nachzuweisen, zB durch ein ärztliches Attest, das die Pflegebedürftigkeit des/der Angehörigen bestätigt.

Entstehen bei der Ausstellung des Attests Kosten, hat diese der Arbeitgeber, der das Attest verlangt hat, zu tragen.

15.8 Wann ist aufgrund einer Erkrankung die Pflege eines/einer nahen Angehörigen überhaupt notwendig, sodass Pflegefreistellung in Anspruch genommen werden kann?

Der/die Arbeitnehmer:in muss alles Zumutbare unternommen haben, um eine Arbeitsverhinderung aufgrund der Pflege eines/einer nahen Angehörigen möglichst zu vermeiden. Kann die Pflege des/der nahen Angehörigen auch von einer anderen geeigneten Person durchgeführt werden und ist dieser die Pflege auch zumutbar, kann die Pflegefreistellung **nicht** in Anspruch genommen werden.

15.9 Besteht auch dann ein Anspruch auf Pflegefreistellung, wenn der/die zu pflegende Angehörige in einer Gesundheitseinrichtung, zB in einem Spital, betreut wird?

Was die Pflegefreistellung im Hinblick auf zu pflegende Angehörige, die in einer Gesundheitseinrichtung, zB in einem Spital, behandelt werden, betrifft, ist zu differenzieren: Handelt es sich bei dem/der erkrankten Angehörigen um das Kind (Wahl- oder Pflegekind) des/der Arbeitnehmer:in oder um ein im gemeinsamen Haushalt lebendes leibliches Kind des/der anderen Ehegatt:in, des/der eingetragenen Partner:in oder Lebensgefährt:in und hat das Kind das zehnte Lebensjahr noch nicht vollendet, so **besteht Anspruch auf Pflegefreistellung auch zur Begleitung des erkrankten Kindes**.

Bei erwachsenen Angehörigen wird eine Notwendigkeit der Pflegefreistellung in der Regel nicht bestehen, da die Pflege von der Gesundheitseinrichtung durchgeführt wird und eine bloße Begleitung von Personen über zehn Jahren gesetzlich nicht zur Inanspruchnahme der Pflegefreistellung berechtigt. Bestätigt jedoch die Gesundheitseinrichtung die Notwendigkeit der Pflege durch den/die Arbeitnehmer:in (in Form eines Attests, auf Verlangen des Arbeitgebers), besteht Anspruch auf Pflegefreistellung.

15.10 Für welche Dauer besteht Anspruch auf Pflegefreistellung?

Grundsätzlich beträgt die maximale Dauer der Pflegefreistellung eine regelmäßige Wochenarbeitszeit pro Arbeitsjahr. Arbeitet der/die Arbeitnehmer:in in Teilzeit, besteht die Möglichkeit der Inanspruchnahme der Pflegefreistellung daher nur für das Ausmaß der Teilzeitbeschäftigung.

§ 16 Abs 2 UrlG

15.11 Wie ist vorzugehen, wenn die Pflegefreistellung im Ausmaß einer Wochenarbeitszeit zur Pflege eines erkrankten Kindes nicht ausreicht?

Reicht die Pflegefreistellung im grundsätzlichen Ausmaß einer regelmäßigen wöchentlichen Arbeitszeit nicht aus und ist der/die Arbeitnehmer:in wegen der notwendigen Pflege des eigenen im gemeinsamen Haushalt lebenden erkrankten Kindes (Wahl- oder Pflegekindes) oder im gemeinsamen Haushalt lebenden leiblichen Kindes des/der anderen Ehegatt:in oder eingetragenen Partner:in oder Lebensgefährt:in, welches das zwölfte Lebensjahr noch nicht überschritten hat, an der Arbeitsleistung neuerlich verhindert, und besteht für diesen Zeitraum kein Anspruch auf Entgeltfortzahlung wegen Dienstverhinderung aus wichtigen in der Person des/der Arbeitnehmer:in gelegenen Gründen aufgrund anderer gesetzlicher Bestimmungen, Normen der kollektiven Rechtsgestaltung oder des Arbeitsvertrages, besteht Anspruch auf Freistellung im Ausmaß einer weiteren regelmäßigen wöchentlichen Arbeitszeit pro Arbeitsjahr. Dies wird als **„erweiterte Pflegefreistellung"** bezeichnet.

15.12 Kann zunächst die „reguläre“ Pflegefreistellung und gleich im Anschluss die erweiterte Pflegefreistellung in Anspruch genommen werden, weil die Krankheit des Kindes über eine Woche hinaus andauert?

Um die erweiterte Pflegefreistellung in Anspruch nehmen zu können, muss eine „neuerliche“ Erkrankung des Kindes vorliegen. In der Regel wird es also nicht möglich sein, die erweiterte Pflegefreistellung unmittelbar im Anschluss an die „reguläre“ Pflegefreistellung in Anspruch zu nehmen – es sei denn, das Kind erkrankt im Anschluss an die vorangegangene Erkrankung neuerlich, sodass ein Freistellungsanspruch besteht.

15.13 Wie ist vorzugehen, wenn die Pflegefreistellung und die erweiterte Pflegefreistellung bereits ausgeschöpft sind, darüber hinaus jedoch weiterer Pflegebedarf für einen/eine nahe:n Angehörige:n besteht?

Sind bereits sowohl die „reguläre“ Pflegefreistellung, als auch die erweiterte Pflegefreistellung ausgeschöpft, kommt dem/der Arbeitnehmer:in ein einseitiges Recht zu, Urlaub anzutreten. In diesem Fall muss der Verbrauch von Urlaub also nicht mit dem Arbeitgeber vereinbart werden. Außerdem wird regelmäßig ein Dienstverhinderungsgrund **(§§ 1154b Abs 5 ABGB bzw 8 Abs 3 AngG)** vorliegen, wenn etwa ein Kind erkrankt und betreut werden muss. Darüber hinaus kann der/die Arbeitnehmer:in mit dem Arbeitgeber auch eine unbezahlte Freistellung von der Arbeit (Karenz) vereinbaren – ein Anspruch auf eine derartige Karenz besteht allerdings nicht.

15.14 Wie ist vorzugehen, wenn während des Urlaubs eines/einer Arbeitnehmer:in ein/eine Angehörige:r erkrankt und gepflegt werden muss?

Der/die Arbeitnehmer:in kann auch in einem solchen Fall – bei Vorliegen der notwendigen Voraussetzungen – die Pflegefreistellung in Anspruch nehmen. Wie im Falle der Erkrankung des/der Arbeitnehmer:in selbst unterbricht die Pflegefreistellung den laufenden Urlaub, da während der Pflege des/der Angehörigen kein ausreichender Erholungswert des Urlaubs gegeben ist.

15.15 Seit wann kann die Pflegefreistellung auch für nahe Angehörige in Anspruch genommen werden, die nicht im gemeinsamen Haushalt leben?

Lange Zeit konnte Pflegefreistellung nur für nahe Angehörige in Anspruch genommen werden, die auch im gemeinsamen Haushalt mit dem/der Arbeitnehmer:in lebten. Das Kriterium des gemeinsamen Haushalts ist mit einer Gesetzesänderung im Jahr 2023 bei der Freistellung für Pflege naher Angehöriger entfallen. Möglich ist daneben nun auch, die Pflegefreistellung für eine erkrankte Person in Anspruch zu nehmen, mit der keine Verwandtschaft besteht, die aber im gemeinsamen Haushalt mit dem/der Arbeitnehmer:in lebt.

15.16 Wie hoch ist das Entgelt während der Pflegefreistellung?

Wie beim Urlaub bemisst sich die Höhe des Entgelts auch bei der Pflegefreistellung anhand des **Ausfallsprinzips**. Der/die Arbeitnehmer:in hat also Anspruch auf Entgelt in jener Höhe, die er/sie erhalten hätte, wenn in der Zeit der Pflegefreistellung gearbeitet worden wäre. Wie beim Urlaub sind neben dem Arbeitsentgelt also auch Zulagen und Zuschläge, anteilsmäßige Sonderzahlungen, Überstundenpauschalen bzw das Entgelt für Überstunden, die zu erbringen gewesen wären bzw die vor dem Antritt des Urlaubs regelmäßig geleistet wurden, auszuzahlen.

15.17 Wie bemisst sich das Entgelt während der Pflegefreistellung, wenn das Arbeitszeitausmaß schwankt?

Schwankt das Arbeitszeitausmaß bzw der Verdienst, weil die Arbeit etwa im Rahmen von Leistungslohnsystemen (Akkord, etc) abgegolten wird, so ist zur Bestimmung der Höhe des Entgelts während der Pflegefreistellung der **Durchschnitt der letzten dreizehn voll gearbeiteten Wochen** heranzuziehen.

15.18 Muss die Pflegefreistellung immer am Stück, also im Umfang des gesamten wöchentlichen Arbeitszeitausmaß pro Arbeitsjahr, in Anspruch genommen werden?

Die Pflegefreistellung muss nicht immer in ihrem vollen Umfang, also im Umfang des gesamten wöchentlichen Arbeitszeitausmaß pro Arbeitsjahr, sondern kann auch in einzelnen Tagen oder sogar Stunden in Anspruch genommen werden. Es geht bei der Pflegefreistellung darum, einen notwendigen Bedarf an Pflege für einen/eine nahe:n Angehörige:n abzudecken. Besteht der Bedarf zur Pflege lediglich an einzelnen Tagen oder wenigen Stunden, so besteht der Anspruch auf Pflegefreistellung auch nur für diesen Zeitraum.

15.19 Besteht der Anspruch auf Pflegefreistellung im Umfang eines wöchentlichen Arbeitszeitausmaßes pro Arbeitsjahr für jede:n erkrankte:n nahe:n Angehörige:n oder insgesamt?

Der Anspruch auf Pflegefreistellung im Umfang eines wöchentlichen Arbeitszeitausmaßes besteht nicht für jede:n nahe:n Angehörigen aufs Neue, sondern das wöchentliche Arbeitszeitausmaß pro Arbeitsjahr bildet das **Höchstausmaß der Pflegefreistellung**. Im Hinblick auf jeden einzelnen Fall, in dem die Pflege eines/einer Angehörigen notwendig wird, besteht der Anspruch auf Pflegefreistellung nur für den kürzesten notwendigen Zeitraum. Die Pflegefreistellung kann daher (wenn nötig) am Stück oder in einzelnen Teilen in Anspruch genommen werden.

15.20 Können Teile der Pflegefreistellung, die in einem Arbeitsjahr nicht verbraucht worden sind, in das nächstfolgende Arbeitsjahr übertragen werden?

Der Anspruch auf Pflegefreistellung besteht im Umfang eines wöchentlichen Arbeitszeitausmaßes pro Arbeitsjahr. Wird die Pflegefreistellung innerhalb eines Arbeitsjahres nicht oder nicht zur Gänze verbraucht, so ist eine Übertragung der verbleibenden Freistellungstage in das nächste Arbeitsjahr dennoch nicht möglich. Mit Beginn des nächsten Arbeitsjahres entsteht ein neuer Anspruch auf Pflegefreistellung im Umfang eines wöchentlichen Arbeitszeitausmaßes.

15.21 Was können Arbeitnehmer:innen unternehmen, wenn sie wegen der Inanspruchnahme von Pflegefreistellung vom Arbeitgeber gekündigt werden?

Arbeitnehmer:innen dürfen aufgrund der (beabsichtigten) Inanspruchnahme von Pflegefreistellung nicht gekündigt werden. Beabsichtigen Arbeitnehmer:innen die Inanspruchnahme von Pflegefreistellung oder nehmen sie eine solche tatsächlich in Anspruch und werden deshalb vom Arbeitgeber gekündigt, so können sie die Kündigung gerichtlich anfechten.

Anhang

Serviceteil

Das Urlaubsgesetz (UrlG) im Wortlaut

Der gesamte Text des UrlG ist online und immer aktuell verfügbar unter:

https://digital.oegbverlag.at/recht/g/10008376/Urlaubsgesetz?gesamt

Urlaubsgesetz

Gesamte Rechtsvorschrift für Urlaubsgesetz, Fassung vom 15.02.2024

Beachte für folgende Bestimmung

[CELEX-Nr: 32019L1158, 32021L1883]

Langtitel

Bundesgesetz vom 7. Juli 1976 betreffend die Vereinheitlichung des Urlaubsrechtes und die Einführung einer Pflegefreistellung StF: BGBl Nr 390/1976 (NR: GP XIV RV 150 AB 276 S. 30. BR: AB 1567 S. 354.)

Änderung

BGBl Nr 354/1981 (NR: GP XV RV 720 AB 784 S. 82. BR: S. 413.) BGBl Nr 81/1983 (NR: GP XV RV 1275 S. 136. BR: AB 2605 S. 430. NR: Einspr. d. BR: 1377 AB 1436 S. 145.) BGBl Nr 408/1990 (NR: GP XVII IA 428/A AB 1410 S. 148. BR: 3922 AB 3926 S. 532.) BGBl Nr 628/1991 (NR: GP XVIII RV 181 AB 261 S. 44. BR: AB 4130 S. 546.) BGBl Nr 473/1992 (NR: GP XVIII RV 597 AB 629 S. 78. BR: 4336 AB 4326 S. 557.) BGBl Nr 833/1992 (NR: GP XVIII RV 735 AB 838 S. 90. BR: 4382 AB 4385 S. 562.) BGBl Nr 502/1993 (NR: GP XVIII RV 1194 AB 1222 S. 130. BR: AB 4617 S. 573.) BGBl Nr 832/1995 (NR: GP XIX IA 409/A AB 381 S. 57. BR: AB 5117 S. 606.) BGBl I Nr 181/1999 (NR: GP XX IA 1150/A AB 2022 S. 182. BR: AB 6057 S. 657.) BGBl I Nr 44/2000 (NR: GP XXI RV 91 AB 189 S. 30. BR: AB 6153 S. 666.) BGBl I Nr 7/2001 idF BGBl I Nr 114/2002 (DFB) (NR: GP XXI IA 324/A AB 411 S. 52. BR: AB 6288 S. 671.) BGBl I Nr 98/2001 (NR: GP XXI RV 621 AB 704 S. 75. BR: 6398 AB 6424 S. 679.) BGBl I Nr 49/2002 (NR: GP XXI RV 724 AB 995 S. 95. BR: AB 6587 S. 685.) BGBl I Nr 89/2002 (NR: GP XXI RV 1045 AB 1132 S. 104. BR: AB 6649 S. 688.) BGBl I Nr 135/2009 (NR: GP XXIV RV 485 AB 558 S. 49. BR: 8217 AB 8228 S. 780.) BGBl I Nr 100/2010 (NR: GP XXIV RV 936 AB 976 S. 83. BR: AB 8414 S. 790.) BGBl I Nr 19/2012 (NR: GP XXIV IA 1811/A AB 1665 S. 144. BR: AB 8682 S. 805.) BGBl I Nr 3/2013 (NR: GP XXIV RV 2000 AB 2028 S. 184. BR: 8826 AB 8855

S. 816.) BGBl I Nr 167/2022 (NR: GP XXVII IA 2793/A AB 1683 S. 178. BR: 11076 AB 11085 S. 946.) BGBl I Nr 115/2023 (NR: GP XXVII IA 3478/A AB 2181 S. 230. BR: 11296 AB 11301 S. 958.) [CELEX-Nr: 32019L1158]

Text

Abschnitt 1
Erholungsurlaub

Geltungsbereich

§ 1. (1) Die Bestimmungen dieses Abschnittes gelten für Arbeitnehmer aller Art, deren Arbeitsverhältnis auf einem privatrechtlichen Vertrag beruht.

(2) Ausgenommen sind

1. Arbeitsverhältnisse der land- und forstwirtschaftlichen Arbeiter, auf die das Landarbeitsgesetz, BGBl Nr 140/1948, anzuwenden ist;
2. Heimarbeiter, auf die das Heimarbeitsgesetz 1960, BGBl Nr 105/1961, anzuwenden ist;
3. Arbeitsverhältnisse zu einem Land, einem Gemeindeverband oder einer Gemeinde;
4. Arbeitsverhältnisse zum Bund, auf die dienstrechtliche Vorschriften anzuwenden sind, die den Urlaubsanspruch zwingend regeln;
5. Arbeitsverhältnisse zu Stiftungen, Anstalten oder Fonds, auf die das Vertragsbedienstetengesetz 1948, BGBl Nr 86, gemäß § 1 Abs 2 VBG sinngemäß anzuwenden ist;
6. Arbeitsverhältnisse, auf die das Bauarbeiter-Urlaubsgesetz 1972, BGBl Nr 414/1972, anzuwenden ist;
7. Arbeitnehmer im Sinne des § 1 Abs 1 des Theaterarbeitsgesetzes (TAG), BGBl I. Nr 100/2010.

§ 2. (1) Dem Arbeitnehmer gebührt für jedes Arbeitsjahr ein ununterbrochener bezahlter Urlaub. Das Urlaubsausmaß beträgt bei einer Dienstzeit von weniger als 25 Jahren 30 Werktage und erhöht sich nach Vollendung des 25. Jahres auf 36 Werktage.

(2) Der Anspruch auf Urlaub entsteht in den ersten sechs Monaten des ersten Arbeitsjahres im Verhältnis zu der im Arbeitsjahr zurückgelegten Dienstzeit, nach sechs Monaten in voller Höhe. Ab dem zweiten Arbeitsjahr entsteht der gesamte Urlaubsanspruch mit Beginn des Arbeitsjahres. Der Urlaubsanspruch wird durch Zeiten, in denen kein Anspruch auf Entgelt besteht, nicht verkürzt, sofern gesetzlich nicht ausdrücklich anderes bestimmt wird.

(3) Alle Zeiten, die der Arbeitnehmer in unmittelbar vorangegangenen Arbeits(Lehr)verhältnissen zum selben Arbeitgeber zurückgelegt hat,

gelten für die Erfüllung der Wartezeit, die Bemessung des Urlaubsausmaßes und die Berechnung des Urlaubsjahres als Dienstzeiten.

(4) Durch Kollektivvertrag, Betriebsvereinbarung oder in Betrieben ohne Betriebsrat durch schriftliche Einzelvereinbarung kann anstelle des Arbeitsjahres das Kalenderjahr oder ein anderer Jahreszeitraum als Urlaubsjahr vereinbart werden. Solche Vereinbarungen können abweichend von § 12 vorsehen, daß

1. Arbeitnehmer, deren Arbeitsvertrag im laufenden Urlaubsjahr begründet wurde und welche die Wartezeit zu Beginn des neuen Urlaubsjahres noch nicht erfüllt haben, für jeden begonnenen Monat ein Zwölftel des Jahresurlaubes erhalten; ist die Wartezeit erfüllt, gebührt der volle Urlaub;
2. ein höheres Urlaubsausmaß erstmals in jenem Kalenderjahr (Jahreszeitraum) gebührt, in das (in den) der überwiegende Teil des Arbeitsjahres fällt;
3. die Ansprüche der zu Beginn des neuen Urlaubsjahres mindestens ein Jahr beim selben Arbeitgeber beschäftigten Arbeitnehmer für den Umstellungszeitraum gesondert berechnet werden.

Umstellungszeitraum ist der Zeitraum vom Beginn des Arbeitsjahres bis zum Ende des folgenden Kalenderjahres oder des sonstigen vereinbarten Jahreszeitraumes. Jedenfalls muß für den Umstellungszeitraum dem Arbeitnehmer ein voller Urlaubsanspruch und ein zusätzlicher aliquoter Anspruch für den Zeitraum vom Beginn des Arbeitsjahres bis zum Beginn des neuen Urlaubsjahres zustehen. Auf den Urlaubsanspruch im Umstellungszeitraum ist ein für das Arbeitsjahr vor der Umstellung gebührender und bereits verbrauchter Urlaub anzurechnen.

Anrechnungsbestimmungen

§ 3. (1) Für die Bemessung des Urlaubsausmaßes sind Dienstzeiten bei demselben Arbeitgeber, die keine längeren Unterbrechungen als jeweils drei Monate aufweisen, zusammenzurechnen. Diese Zusammenrechnung unterbleibt jedoch, wenn die Unterbrechung durch eine Kündigung des Arbeitsverhältnisses seitens des Arbeitnehmers, durch einen vorzeitigen Austritt ohne wichtigen Grund oder eine vom Arbeitnehmer verschuldete Entlassung eingetreten ist.

(2) Für die Bemessung des Urlaubsausmaßes sind anzurechnen:

1. die in einem anderen Arbeitsverhältnis oder einem Beschäftigungsverhältnis im Sinne des Heimarbeitsgesetzes 1960, BGBl Nr 105/61, im Inland zugebrachte Dienstzeit, sofern sie mindestens je sechs Monate gedauert hat;
2. die über die Erfüllung der allgemeinen Schulpflicht hinausgehende Zeit eines Studiums an einer inländischen allgemeinbildenden höheren oder einer berufsbildenden mittleren oder höheren Schule oder einer Akademie im Sinne des Schulorganisationsgesetzes 1962, BGBl

Nr 242, oder an einer diesen gesetzlich geregelten Schularten vergleichbaren Schule, in dem für dieses Studium nach den schulrechtlichen Vorschriften geltenden Mindestausmaß, höchstens jedoch im Ausmaß von vier Jahren. Als Zeitpunkt des möglichen Studienabschlusses ist bei Studien, die mit dem Schuljahr enden, der 30. Juni und bei Studien, die mit dem Kalenderjahr enden, der 31. Dezember anzusehen. Zeiten des Studiums an einer vergleichbaren ausländischen Schule sind wie inländische Schulzeiten anzurechnen, wenn das Zeugnis einer solchen ausländischen Schule im Sinne der Europäischen Konvention über die Gleichwertigkeit von Reifezeugnissen (BGBl Nr 44/1957) oder eines entsprechenden internationalen Abkommens für die Zulassung zu den Universitäten als einem inländischen Reifezeugnis gleichwertig anzusehen ist oder wenn es nach den Bestimmungen des Schulunterrichtsgesetzes (Bundesgesetz vom 6. Februar 1974, BGBl Nr 139) über die Nostrifikation ausländischer Zeugnisse nostrifiziert werden kann;
3. die gewöhnliche Dauer eines mit Erfolg abgeschlossenen Hochschulstudiums bis zum Höchstausmaß von fünf Jahren;
4. Zeiten, für welche eine Haftentschädigung gemäß § 13a Abs 1 oder § 13c Abs 1 des Opferfürsorgegesetzes 1947, BGBl Nr 183, gebührt. Diese Anrechnung findet nicht statt, soweit ein Arbeitsverhältnis während der Haft aufrecht geblieben und aus diesem Grunde für die Urlaubsdauer zu berücksichtigen ist;
5. Zeiten der Tätigkeit als Entwicklungshelfer für eine Organisation im Sinne des § 1 Abs 2 des Entwicklungshilfegesetzes 1974, BGBl Nr 474, in der Fassung BGBl Nr 579/1989, oder im Sinne des § 3 Abs 2 des Entwicklungszusammenarbeitsgesetzes, BGBl I Nr 49/2002;
6. Zeiten einer im Inlande zugebrachten selbständigen Erwerbstätigkeit, sofern sie mindestens je sechs Monate gedauert hat.

(3) Zeiten nach Abs 2 Z 1, 5 und 6 sind insgesamt nur bis zum Höchstausmaß von fünf Jahren anzurechnen. Zeiten nach Z 2 sind darüber hinaus bis zu einem Höchstausmaß von weiteren zwei Jahren anzurechnen.

(4) Fallen anrechenbare Zeiten zusammen, so sind sie für die Bemessung der Urlaubsdauer nur einmal zu berücksichtigen.

Verbrauch des Urlaubes

§ 4. (1) Der Zeitpunkt des Urlaubsantrittes ist zwischen dem Arbeitgeber und dem Arbeitnehmer unter Rücksichtnahme auf die Erfordernisse des Betriebes und die Erholungsmöglichkeiten des Arbeitnehmers zu vereinbaren. Die Vereinbarung hat so zu erfolgen, daß der Urlaub möglichst bis zum Ende des Urlaubsjahres, in dem der Anspruch entstanden ist, verbraucht werden kann.

(2) Für Zeiträume, während deren ein Arbeitnehmer aus einem der im § 2 Entgeltfortzahlungsgesetz 1974, BGBl Nr 399, genannten Gründe an

der Arbeitsleistung verhindert ist, während deren er Anspruch auf Pflegefreistellung oder während deren er sonst Anspruch auf Entgeltfortzahlung bei Entfall der Arbeitsleistung hat, darf der Urlaubsantritt nicht vereinbart werden, wenn diese Umstände bereits bei Abschluß der Vereinbarung bekannt waren. Geschieht dies dennoch, gilt der Zeitraum der Arbeitsverhinderung nicht als Urlaub.

(3) Der Urlaub kann in zwei Teilen verbraucht werden, doch muß ein Teil mindestens sechs Werktage betragen.

(4) Hat der Arbeitnehmer in Betrieben, in denen ein für ihn zuständiger Betriebsrat errichtet ist, den von ihm gewünschten Zeitpunkt für den Antritt seines Urlaubes oder eines Urlaubsteiles in der Dauer von mindestens zwölf Werktagen dem Arbeitgeber mindestens drei Monate vorher bekanntgegeben und kommt eine Einigung zwischen dem Arbeitgeber und dem Arbeitnehmer nicht zustande, so sind die Verhandlungen unter Beiziehung des Betriebsrates fortzusetzen. Kommt auch dann keine Einigung zustande, so kann der Arbeitnehmer den Urlaub zu dem von ihm vorgeschlagenen Zeitpunkt antreten, es sei denn, der Arbeitgeber hat während eines Zeitraumes, der nicht mehr als acht und nicht weniger als sechs Wochen vor dem vom Arbeitnehmer vorgeschlagenen Zeitpunkt des Urlaubsantrittes liegen darf, wegen des Zeitpunktes des Urlaubsantrittes die Klage beim zuständigen Arbeitsgericht eingebracht.

(5) Der Urlaubsanspruch verjährt nach Ablauf von zwei Jahren ab dem Ende des Urlaubsjahres, in dem er entstanden ist. Diese Frist verlängert sich bei Inanspruchnahme einer Karenz gemäß dem Väter-Karenzgesetz (VKG), BGBl Nr 651/1989, oder gemäß dem Mutterschutzgesetz 1979 (MSchG), BGBl Nr 221/1979, um den Zeitraum der Karenz.

Erkrankung während des Urlaubes

§ 5. (1) Erkrankt (verunglückt) ein Arbeitnehmer während des Urlaubes, ohne dies vorsätzlich oder grob fahrlässig herbeigeführt zu haben, so werden auf Werktage fallende Tage der Erkrankung, an denen der Arbeitnehmer durch die Erkrankung arbeitsunfähig war, auf das Urlaubsausmaß nicht angerechnet, wenn die Erkrankung länger als drei Kalendertage gedauert hat.

(2) Übt ein Arbeitnehmer während seines Urlaubes eine dem Erholungszweck widersprechende Erwerbstätigkeit aus, so findet Abs 1 keine Anwendung, wenn die Erkrankung (der Unglücksfall) mit dieser Erwerbstätigkeit in ursächlichem Zusammenhang steht.

(3) Der Arbeitnehmer hat dem Arbeitgeber nach dreitägiger Krankheitsdauer die Erkrankung unverzüglich mitzuteilen. Ist dies aus Gründen, die nicht vom Arbeitnehmer zu vertreten sind, nicht möglich, so gilt die Mitteilung als rechtzeitig erfolgt, wenn sie unmittelbar nach Wegfall des Hinderungsgrundes nachgeholt wird. Bei Wiederantritt des Dienstes hat der Arbeitnehmer ohne schuldhafte Verzögerung ein ärztliches

Zeugnis oder eine Bestätigung des zuständigen Krankenversicherungsträgers über Beginn, Dauer und Ursache der Arbeitsunfähigkeit vorzulegen. Erkrankt der Arbeitnehmer während eines Urlaubes im Ausland, so muß dem ärztlichen Zeugnis eine behördliche Bestätigung darüber beigefügt sein, daß es von einem zur Ausübung des Arztberufes zugelassenen Arzt ausgestellt wurde. Eine solche behördliche Bestätigung ist nicht erforderlich, wenn die ärztliche Behandlung stationär oder ambulant in einer Krankenanstalt erfolgte und hierüber eine Bestätigung dieser Anstalt vorgelegt wird. Kommt der Arbeitnehmer diesen Verpflichtungen nicht nach, so ist Abs 1 nicht anzuwenden.

Urlaubsentgelt

§ 6. (1) Während des Urlaubes behält der Arbeitnehmer den Anspruch auf das Entgelt nach Maßgabe der folgenden Bestimmungen.

(2) Ein nach Wochen, Monaten oder längeren Zeiträumen bemessenes Entgelt darf für die Urlaubsdauer nicht gemindert werden.

(3) In allen anderen Fällen ist für die Urlaubsdauer das regelmäßige Entgelt zu zahlen. Regelmäßiges Entgelt ist jenes Entgelt, das dem Arbeitnehmer gebührt hätte, wenn der Urlaub nicht angetreten worden wäre.

(4) Bei Akkord-, Stück- oder Gedinglöhnen, akkordähnlichen oder sonstigen leistungsbezogenen Prämien oder Entgelten ist das Urlaubsentgelt nach dem Durchschnitt der letzten dreizehn voll gearbeiteten Wochen unter Ausscheidung nur ausnahmsweise geleisteter Arbeiten zu berechnen.

(5) Durch Kollektivvertrag im Sinne des § 18 Abs 4 Arbeitsverfassungsgesetz, BGBl Nr 22/1974, kann geregelt werden, welche Leistungen des Arbeitgebers als Urlaubsentgelt anzusehen sind. Die Berechnungsart für die Regelung der Höhe des Urlaubsentgeltes kann durch Kollektivvertrag abweichend von Abs 3 und 4 geregelt werden.

(6) Das Urlaubsentgelt ist bei Antritt des Urlaubes für die ganze Urlaubsdauer im voraus zu zahlen.

Ablöseverbot

§ 7. Vereinbarungen zwischen Arbeitgeber und Arbeitnehmer, die für den Nichtverbrauch des Urlaubes Geld oder sonstige vermögenswerte Leistungen des Arbeitgebers vorsehen, sind rechtsunwirksam.

Aufzeichnungen

§ 8. (1) Der Arbeitgeber hat Aufzeichnungen zu führen, aus denen hervorgeht

1. der Zeitpunkt des Dienstantrittes des Arbeitnehmers, die angerechneten Dienstzeiten und die Dauer des dem Arbeitnehmer zustehenden bezahlten Urlaubes;
2. die Zeit, in welcher der Arbeitnehmer seinen bezahlten Urlaub genommen hat;
3. das Entgelt, das der Arbeitnehmer für die Dauer des bezahlten Urlaubes erhalten hat, und der Zeitpunkt der Auszahlung;
4. wenn das Urlaubsjahr nicht nach dem Arbeitsjahr berechnet wird, der Zeitpunkt, ab dem die Umstellung gilt, und die Norm, auf Grund der die Umstellung erfolgt ist, sowie das Ausmaß der dem Arbeitnehmer für den Umstellungszeitraum gebührenden Urlaubsansprüche und der Zeitraum, in dem dieser Urlaub verbraucht wurde.

(2) Die Verpflichtung nach Abs 1 ist auch dann erfüllt, wenn diese Angaben aus Aufzeichnungen hervorgehen, die der Arbeitgeber zum Nachweis der Erfüllung anderer Verpflichtungen führt.

Ansprüche bei Beendigung des Arbeitsverhältnisses

§ 10. (1) Dem Arbeitnehmer gebührt für das Urlaubsjahr, in dem das Arbeitsverhältnis endet, zum Zeitpunkt der Beendigung des Arbeitsverhältnisses eine Ersatzleistung als Abgeltung für den der Dauer der Dienstzeit in diesem Urlaubsjahr im Verhältnis zum gesamten Urlaubsjahr entsprechenden Urlaub. Bereits verbrauchter Jahresurlaub ist auf das aliquote Urlaubsausmaß anzurechnen. Urlaubsentgelt für einen über das aliquote Ausmaß hinaus verbrauchten Jahresurlaub ist nicht rückzuerstatten, außer bei Beendigung des Arbeitsverhältnisses durch

1. unberechtigten vorzeitigen Austritt oder
2. verschuldete Entlassung.

Der Erstattungsbetrag hat dem für den zu viel verbrauchten Urlaub zum Zeitpunkt des Urlaubsverbrauchs erhaltenen Urlaubsentgelt zu entsprechen.

(2) Abweichend von Abs 1 gebührt im Fall eines unberechtigten vorzeitigen Austritts keine Ersatzleistung für die fünfte und sechste Woche des Anspruchs auf Urlaub aus dem laufenden Urlaubsjahr.

(3) Für nicht verbrauchten Urlaub aus vorangegangenen Urlaubsjahren gebührt anstelle des noch ausständigen Urlaubsentgelts eine Ersatzleistung in vollem Ausmaß des noch ausständigen Urlaubsentgelts, soweit der Urlaubsanspruch noch nicht verjährt ist.

(4) Endet das Arbeitsverhältnis während einer Teilzeitbeschäftigung gemäß VKG oder MSchG oder Herabsetzung der Normalarbeitszeit nach den §§ 14a und 14b Arbeitsvertragsrechts-Anpassungsgesetz, BGBl Nr 459/1993, durch

1. Entlassung ohne Verschulden des Arbeitnehmers,
2. begründeten vorzeitigen Austritt des Arbeitnehmers,

3. Kündigung seitens des Arbeitgebers oder
4. einvernehmliche Auflösung,

ist der Berechnung der Ersatzleistung im Sinne des Abs 1 jene Arbeitszeit zugrunde zu legen, die in dem Urlaubsjahr, in dem der Urlaubsanspruch entstanden ist, vom Arbeitnehmer überwiegend zu leisten war.

(5) Die Ersatzleistung im Sinne der Abs 1, 3 und 4 gebührt den Erben, wenn das Arbeitsverhältnis durch Tod des Arbeitnehmers endet.

(6) Für den Zusatzurlaub bei Nachtschwerarbeit gilt § 10a.

Zusatzurlaub bei Nachtschwerarbeit

§ 10a. (1) Arbeitnehmer haben für jedes Arbeitsjahr, in dem sie mindestens 50mal in der Zeit zwischen 22,00 Uhr und 6,00 Uhr mindestens sechs Stunden Schwerarbeit im Sinne des Art VII Abs 2 oder 4, einer Verordnung gemäß Art VII Abs 3 oder eines Kollektivvertrages gemäß Art VII Abs 6 des Nachtschwerarbeitsgesetzes (NSchG), BGBl Nr 354/1981, geleistet haben, Anspruch auf Zusatzurlaub im Ausmaß von zwei Werktagen. Der Anspruch auf Zusatzurlaub erhöht sich auf vier Werktage, wenn sie fünf Jahre, und auf sechs Werktage, wenn sie 15 Jahre solche Arbeiten geleistet haben.

(1a) Hat ein Arbeitnehmer in einem Urlaubsjahr weniger als 50mal, mindestens jedoch 40mal Nachtschwerarbeit geleistet, hat er für dieses Urlaubsjahr Anspruch auf einen Zusatzurlaub in dem sich nach Abs 1 ergebenden Ausmaß, wenn er in diesem und im unmittelbar vorangegangenen Urlaubsjahr insgesamt mindestens 100mal Nachtschwerarbeit geleistet hat.

(1b) Hat ein Arbeitnehmer zusätzlich zu Nachtschwerarbeit, die zu einem Zusatzurlaub nach Abs 1 oder Abs 1a geführt hat, mindestens 50mal Nachtschwerarbeit geleistet, gebührt ihm ein zusätzlicher Urlaubstag.

(1c) In jedem Urlaubsjahr gebührt jedoch nur ein zusätzlicher Urlaubstag nach Abs 1b. Nachtschwerarbeit darf für die Berechnung eines Zusatzurlaubs nur einmal herangezogen werden. Drei Jahre nach Ablauf des Urlaubsjahres, in dem Nachtschwerarbeit geleistet wurde, ist diese Nachtschwerarbeit bei der Berechnung eines Zusatzurlaubs nach Abs 1b nicht mehr heranzuziehen.

(2) § 3 Abs 2 bis 4, §§ 9, 10 und 14 finden auf den Zusatzurlaub keine Anwendung.

(3) § 3 Abs 1 ist mit der Maßgabe anzuwenden, daß für die Bemessung des Urlaubsausmaßes Dienstzeiten bei demselben Arbeitgeber, die unter den Voraussetzungen des Abs 1 geleistet wurden, zusammenzurechnen sind.

(4) Für die Entstehung des Anspruches auf Zusatzurlaub werden nicht abgefundene Nachtschwerarbeiten, die in dem der Unterbrechung un-

mittelbar vorangegangenen Arbeitsverhältnis bei demselben Arbeitgeber geleistet wurden, angerechnet, sofern es sich um eine Unterbrechung gemäß § 3 Abs 1 handelt und die Voraussetzung des § 2 Abs 2 erfüllt ist.

(5) Für die Bemessung des Urlaubsausmaßes ist weiters die in einem anderen Arbeitsverhältnis im Inland zugebrachte Dienstzeit, sofern sie unter den Voraussetzungen des Abs 1 geleistet wurde und mindestens sechs Monate gedauert hat, bis zum Höchstausmaß von fünf Jahren anzurechnen.

(6) Für die Bemessung des Urlaubsausmaßes werden nur volle Arbeitsjahre berücksichtigt. Nicht volle Arbeitsjahre werden voll berücksichtigt, wenn die Voraussetzungen der Abs 1 und 5 erfüllt sind.

(7) Dem Arbeitnehmer gebührt eine Entschädigung in der höhe des noch ausstehenden Urlaubsentgeltes, wenn das Arbeitsverhältnis nach Entstehung des Anspruches auf Zusatzurlaub, jedoch vor dessen Verbrauch endet. Die Entschädigung gebührt nicht, wenn der Arbeitnehmer ohne wichtigen Grund vorzeitig austritt.

(8) Dem Arbeitnehmer gebührt eine Abfindung in der Höhe des halben Urlaubsentgelts, wenn er im Arbeitsjahr mindestens 25mal Nachtschwerarbeit geleistet hat und das Arbeitsverhältnis durch Kündigung seitens des Arbeitgebers, einvernehmliche Lösung oder durch den Tod des Arbeitnehmers endet, sofern die Voraussetzung des § 2 Abs 2 erfüllt ist.

(9) Der Arbeitnehmer, der in insgesamt 20 Arbeitsjahren Anspruch auf Zusatzurlaub im Sinne des Abs 1 hatte, behält – wenn er wegen Berufskrankheit oder Arbeitsunfall nicht mehr Nachtschwerarbeit leisten kann – den Anspruch auf Zusatzurlaub in dem vor der Erkrankung oder dem Unfall zuletzt zustehenden Ausmaß. Pfändungsschutz

Unabdingbarkeit

§ 12. Die Rechte, die dem Arbeitnehmer auf Grund der §§ 2 bis 10 zustehen, können durch Arbeitsvertrag, Arbeits-(Dienst)ordnung oder, soweit in diesem Bundesgesetz nicht anderes bestimmt ist, durch Kollektivvertrag oder Betriebsvereinbarung weder aufgehoben noch beschränkt werden.

Strafbestimmungen

§ 13. Arbeitgeber oder deren gesetzliche Vertreter, die den Bestimmungen des § 8 zuwiderhandeln, sind, sofern die Tat nicht nach anderen Vorschriften einer strengeren Strafe unterliegt, von der Bezirksverwaltungsbehörde mit einer Geldstrafe bis 218 Euro zu bestrafen.

Weitergelten von Regelungen

§ 14. (1) Im Zeitpunkt des Inkrafttretens dieses Abschnittes bestehende, für die Arbeitnehmer günstigere Regelungen in Kollektivverträgen, Arbeits(Dienst)ordnungen, Betriebsvereinbarungen oder Arbeitsverträgen werden durch die Bestimmungen dieses Bundesgesetzes nicht berührt.

(2) Im Zeitpunkt des Inkrafttretens dieses Abschnittes bestehende Vereinbarungen durch Kollektivvertrag oder Betriebsvereinbarung in Angelegenheiten, in denen nach den Bestimmungen der §§ 2 Abs 4 oder 6 Abs 5 abweichende Regelungen durch Kollektivvertrag oder Betriebsvereinbarung zulässig sind, gelten als solche Regelungen, soweit sie den vorgenannten Bestimmungen entsprechen.

Abschnitt 2
Pflegefreistellung

Geltungsbereich

§ 15. (1) Die Bestimmungen dieses Abschnittes gelten für Arbeitnehmer aller Art, deren Arbeitsverhältnis auf einem privatrechtlichen Vertrag beruht.

(2) Ausgenommen sind

1. Arbeitsverhältnisse der land- und forstwirtschaftlichen Arbeiter, auf die das Landesarbeitsgesetz 1948, BGBl Nr 140, anzuwenden ist;
2. Heimarbeiter, auf die das Heimarbeitsgesetz 1960, BGBl Nr 105/1961, anzuwenden ist;
3. Arbeitsverhältnisse zu einem Land, einem Gemeindeverband oder einer Gemeinde;
4. Arbeitsverhältnisse zum Bund, auf die dienstrechtliche Vorschriften anzuwenden sind, welche den wesentlichen Inhalt des Arbeitsverhältnisses zwingend regeln;
5. Arbeitsverhältnisse zu Stiftungen, Anstalten oder Fonds, auf die das Vertragsbedienstetengesetz 1948, BGBl Nr 86, gemäß § 1 Abs 2 VBG sinngemäß anzuwenden ist.

Pflegefreistellung

§ 16. (1) Ist der Arbeitnehmer nach Antritt des Arbeitsverhältnisses an der Arbeitsleistung

1. wegen der notwendigen Pflege eines erkrankten nahen Angehörigen oder einer im gemeinsamen Haushalt lebenden erkrankten Person oder
2. wegen der notwendigen Betreuung seines Kindes (Wahl- oder Pflegekindes) oder eines im gemeinsamen Haushalt lebenden leiblichen Kindes des anderen Ehegatten, des eingetragenen Partners oder Le-

bensgefährten infolge eines Ausfalls einer Person, die das Kind ständig betreut hat, aus den Gründen des § 15d Abs 2 Z 1 bis 5 des Mutterschutzgesetzes 1979, BGBl Nr 221, in der jeweils geltenden Fassung, oder

3. wegen der Begleitung seines erkrankten Kindes (Wahl- oder Pflegekindes) oder eines im gemeinsamen Haushalt lebenden leiblichen Kindes des anderen Ehegatten, des eingetragenen Partners oder Lebensgefährten bei einem stationären Aufenthalt in einer Heil- und Pflegeanstalt, sofern das Kind das zehnte Lebensjahr noch nicht vollendet hat,

nachweislich verhindert, so hat er Anspruch auf Fortzahlung des Entgelts bis zum Höchstausmaß seiner regelmäßigen wöchentlichen Arbeitszeit innerhalb eines Arbeitsjahres. Als nahe Angehörige im Sinne dieses Bundesgesetzes sind der Ehegatte, der eingetragene Partner und Personen anzusehen, die mit dem Arbeitnehmer in gerader Linie verwandt sind, ferner Wahl- und Pflegekinder, im gemeinsamen Haushalt lebende leibliche Kinder des anderen Ehegatten oder des eingetragenen Partners oder Lebensgefährten sowie die Person, mit der der Arbeitnehmer in Lebensgemeinschaft lebt.

(2) Darüber hinaus besteht Anspruch auf Freistellung von der Arbeitsleistung bis zum Höchstausmaß einer weiteren regelmäßigen wöchentlichen Arbeitszeit innerhalb eines Arbeitsjahres, wenn der Arbeitnehmer den Freistellungsanspruch gemäß Abs 1 verbraucht hat, wegen der notwendigen Pflege seines im gemeinsamen Haushalt lebenden erkrankten Kindes (Wahl- oder Pflegekindes) oder im gemeinsamen Haushalt lebenden leiblichen Kindes des anderen Ehegatten oder eingetragenen Partners oder Lebensgefährten, welches das zwölfte Lebensjahr noch nicht überschritten hat, an der Arbeitsleistung neuerlich verhindert ist, und ihm für diesen Zeitraum der Dienstverhinderung kein Anspruch auf Entgeltfortzahlung wegen Dienstverhinderung aus wichtigen in seiner Person gelegenen Gründen auf Grund anderer gesetzlicher Bestimmungen, Normen der kollektiven Rechtsgestaltung oder des Arbeitsvertrages zusteht.

(3) Ist der Anspruch auf Entgeltfortzahlung bei Entfall der Arbeitsleistung aus einem der in Abs 1 und 2 genannten Dienstverhinderungsgründe erschöpft, kann zu einem in Abs 2 genannten Zweck Urlaub ohne vorherige Vereinbarung mit dem Arbeitgeber angetreten werden.

(4) Im Fall der notwendigen Pflege seines erkrankten Kindes (Wahl- oder Pflegekindes) hat auch jener Arbeitnehmer Anspruch auf Freistellung von der Arbeitsleistung nach Abs 2 und 3, der nicht mit seinem erkrankten Kind (Wahl- oder Pflegekind) im gemeinsamen Haushalt lebt.

(5) Eine Kündigung wegen der beabsichtigten oder tatsächlich in Anspruch genommenen Pflegefreistellung kann bei Gericht angefochten werden. § 105 Abs 5 Arbeitsverfassungsgesetz – ArbVG, BGBl Nr 22/

1974, gilt sinngemäß. Der Arbeitgeber hat auf ein schriftliches Verlangen des Arbeitnehmers eine schriftliche Begründung der Kündigung auszustellen. Der Arbeitnehmer muss die schriftliche Begründung bei sonstigem Ausschluss des Rechts auf Ausstellung binnen fünf Kalendertagen ab dem Zugang der Kündigung verlangen. Der Arbeitgeber muss die schriftliche Begründung binnen fünf Kalendertagen ab dem Zugang des Verlangens ausstellen. Der Umstand, dass eine schriftliche Begründung nicht übermittelt wurde, ist für die Rechtswirksamkeit der Beendigung ohne Belang.

Unabdingbarkeit

§ 17. Die Rechte, die dem Arbeitnehmer auf Grund des § 16 zustehen, können durch Arbeitsvertrag, Arbeits(Dienst)ordnung, Betriebsvereinbarung oder Kollektivvertrag weder aufgehoben noch beschränkt werden.

Günstigere Regelungen

§ 18. Gesetzliche Vorschriften, Kollektivverträge, Arbeits- (Dienst)ordnungen, Betriebsvereinbarungen oder Arbeitsverträge, die den Anspruch auf Pflegefreistellung im Sinne des § 16 günstiger regeln, bleiben insoweit unberührt.

Ablaufhemmung von Verjährungs- und Verfallsfristen

§ 18a. Der Ablauf von laufenden gesetzlichen, kollektivvertraglichen und vertraglichen Verjährungs- und Verfallsfristen betreffend Ansprüche aus dem Arbeitsverhältnis, die der Arbeitnehmer zu Beginn einer Pflegefreistellung bereits erworben hat, bleibt bis zum Ablauf von zwei Wochen nach Ende der Pflegefreistellung gehemmt.

Inkrafttreten

§ 19. (1) § 16 dieses Bundesgesetzes in der Fassung des Bundesgesetzes BGBl Nr 833/1992 tritt mit 1. Jänner 1993 in Kraft.

(2) § 2 Abs 2 und § 9 Abs 1 Z 5 und 6 dieses Bundesgesetzes in der Fassung des Bundesgesetzes BGBl Nr 502/1993 treten mit 1. August 1993 in Kraft.

(3) § 2 Abs 2, § 9 Abs 1 und § 10 Abs 1 dieses Bundesgesetzes in der Fassung des Bundesgesetzes BGBl Nr 832/1995 treten mit 1. Dezember 1995 in Kraft und gelten ab dem Urlaubsjahr, das im Jahr 1994 begonnen hat.

(4) Die §§ 10a und 16 Abs 1 Z 2 in der Fassung des Bundesgesetzes BGBl I Nr 181/1999 treten mit 1. Jänner 2000 in Kraft. § 10a ist erstmals auf jenes Urlaubsjahr anzuwenden, das nach dem 1. Jänner 2000 beginnt, wobei im Falle der Berechnung nach § 10a Abs 1a Nachtschwer-

arbeit, die im 1999 begonnenen Urlaubsjahr geleistet wurde, heranzuziehen ist.

(5) § 10 samt Überschrift in der Fassung des Bundesgesetzes BGBl I Nr 44/2000 tritt mit 1. Jänner 2001 in Kraft und gilt ab dem Urlaubsjahr, das nach dem 31. Dezember 2000 beginnt.

(6) § 9 samt Überschrift tritt mit Ablauf des 31. Dezember 2000 außer Kraft, ausgenommen für jenes Urlaubsjahr, das vor dem 1. Jänner 2001 begonnen hat.

(7) § 16 Abs 2 in der Fassung des Bundesgesetzes BGBl I Nr 44/2000 tritt mit 1. Oktober 2000 in Kraft. Bis zum 30. September 2000 entstandene Erstattungsansprüche nach § 16 Abs 2 letzter Satz richten sich nach den Bestimmungen des Abschnittes 2 des Entgeltfortzahlungsgesetzes, BGBl Nr 399/ 1974, in der Fassung BGBl I Nr 44/2000.

(8) § 13 in der Fassung des Bundesgesetzes BGBl I Nr 98/2001 tritt mit 1. Jänner 2002 in Kraft und ist auf Sachverhalte anzuwenden, die sich nach dem 31. Dezember 2001 ereignen.

(9) Die §§ 4 Abs 5 letzter Satz, 10 Abs 4 und 16 Abs 1 Z 2 in der Fassung des Bundesgesetzes BGBl I Nr 89/2002 treten mit 1. Juli 2002 in Kraft.

(10) § 16 Abs 1 letzter Satz in der Fassung des Bundesgesetzes BGBl I Nr 135/2009 tritt mit 1. Jänner 2010 in Kraft.

(11) § 1 Abs 2 Z 7 in der Fassung des Bundesgesetzes BGBl I. Nr 100/ 2010 tritt mit 1. Jänner 2011 in Kraft.

(12) § 2 Abs 4 erster Satz, § 10a Abs 1 sowie § 16 Abs 1, 2 und 4 in der Fassung des Bundesgesetzes BGBl I Nr 3/2013 treten mit 1. Jänner 2013 in Kraft.

(13) § 10 Abs 2 in der Fassung des Bundesgesetzes BGBl I Nr 167/ 2022 tritt mit dem der Kundmachung folgenden Tag in Kraft.

(14) § 16 Abs 1 Z 1, Abs 4 und 5 sowie § 18a samt Überschrift in der Fassung des Bundesgesetzes BGBl I Nr 115/2023, treten mit 1. November 2023 in Kraft.

Artikel VIII
Außerkrafttreten von Vorschriften

(1) Mit dem Wirksamwerden des Art 1 Abschnitt 1 dieses Bundesgesetzes treten außer Kraft:

1. Die §§ 17a, 17b und 17c Angestelltengesetz BGBl Nr 292/1921,
2. die §§ 15a, 15b und 15c Gutsangestelltengesetz, BGBl Nr 538/1923,
3. § 32 Abs 2 Kinder- und Jugendlichen-Beschäftigungsgesetz, BGBl Nr 146/1948;

ferner, insoweit nicht die Länder gemäß Art 21 B VG zur Regelung zuständig sind:

1. das Arbeiterurlaubsgesetz 1959, BGBl Nr 24,
2. das Bundesgesetz vom 13. Mai 1964, BGBl Nr 108, betreffend Erkrankung während des Urlaubes.

(2) Soweit in anderen Bundesgesetzen auf die durch dieses Bundesgesetz aufgehobenen Vorschriften verwiesen wird, treten an deren Stelle die entsprechenden Bestimmungen dieses Bundesgesetzes.

(3) § 1 Abs 3 tritt mit Ablauf des 31. Dezember 2010 außer Kraft.

Artikel IX
Kollektivvertragsermächtigung für die Hotellerie und Gastronomie

Durch Kollektivvertrag kann vorgesehen werden, dass ein Arbeitsverhältnis, welches dem Kollektivvertrag für Arbeiter im Gastgewerbe oder dem Kollektivvertrag für Angestellte im Gastgewerbe unterliegt, durch einen am Ende des Arbeitsverhältnisses zu verbrauchenden Teil des im laufenden Urlaubsjahr erworbenen Urlaubsanspruchs zu verlängern ist. Dieser Teil hat die Hälfte dieses Urlaubsanspruchs, höchstens jedoch sieben Werktage zu betragen.

Artikel X
Wirksamkeitsbeginn und Vollziehung

(1) Es treten in Kraft: § 6 des Artikels I mit 1. Jänner 1978; die übrigen Bestimmungen mit 1. Jänner 1977.

(1a) § 10a des Art I in der Fassung des Bundesgesetzes BGBl Nr 473/1992 tritt mit 1. Jänner 1993 in Kraft. Ansprüche auf Zusatzurlaub können ab Beginn des Urlaubsjahres erworben werden, in das der 1. Jänner 1993 fällt.

(1b) Artikel IX in der Fassung des Bundesgesetzes BGBl I Nr 7/2001 tritt mit 1. Jänner 2001 in Kraft.

(2) Mit der Vollziehung dieses Bundesgesetzes ist der Bundesminister für Wirtschaft und Arbeit betraut.

(3) Verordnungen auf Grund der Bestimmungen dieses Bundesgesetzes können bereits von dem seiner Kundmachung folgenden Tag an erlassen werden. Diese Verordnungen dürfen frühestens mit dem in Abs 1 bezeichneten Zeitpunkt in Kraft gesetzt werden.

7. Hauptstück
Schluss- und Übergangsbestimmungen

Artikel 79
Inkrafttreten und Übergangsbestimmungen

(Anm.. aus BGBl I Nr 135/2009, zu § 16, BGBl Nr 390/1976)

(1) Art 2 (Änderung des Allgemeinen Bürgerlichen Gesetzbuchs), Art 3 (Änderung des Ehegesetzes), Art 4 (Änderung des Fortpflanzungsmedizingesetzes), Art 6 (Änderung der Jurisdiktionsnorm), Art 7 (Änderung des Strafgesetzbuches), Art 27 (Änderung des Einkommensteuergesetzes 1988), Art 28 (Änderung des Körperschaftsteuergesetzes 1988), Art 29 (Änderung des Umsatzsteuergesetzes 1994), Art 30 (Änderung des Bewertungsgesetzes 1955), Art 31 (Änderung des Gebührengesetzes 1957), Art 33 (Änderung der Bundesabgabenordnung), Art 34 (Änderung des Alkoholsteuergesetzes), Art 61 (Änderung des Ärztegesetzes 1998), Art 62 (Änderung des Gehaltskassengesetzes 2002), Art 63 (Änderung des Apothekengesetzes), Art 72 (Änderung des Studienförderungsgesetzes), Art 76 (Änderung des Entwicklungshelfergesetzes), Art 77 (Änderung des Bundesgesetzes über Aufgaben und Organisation des auswärtigen Dienstes – Statut) und Art 78 (Bundesgesetz über die Einräumung von Privilegien und Immunitäten an internationale Organisationen) treten mit 1. Jänner 2010 in Kraft.

(2) Die durch dieses Bundesgesetz geänderten Strafbestimmungen sind in Strafsachen nicht anzuwenden, in denen vor ihrem Inkrafttreten das Urteil in erster Instanz gefällt worden ist. Nach Aufhebung eines Urteils infolge Nichtigkeitsbeschwerde, Berufung, Wiederaufnahme oder Erneuerung des Strafverfahrens oder infolge eines Einspruches ist jedoch im Sinne der §§ 1 und 61 StGB vorzugehen.

Stichwortverzeichnis

NOTIZEN